VOCÊ É ANSIOSO?

Luiz Felipe Pondé

VOCÊ É ANSIOSO?

Reflexões contra o medo

Planeta

Copyright © Luiz Felipe Pondé, 2020
Copyright © Editora Planeta do Brasil, 2020
Todos os direitos reservados.

Preparação: Ana Tereza Clemente
Revisão: Nine Editorial e Carmen T. S. Costa
Diagramação: Vivian Oliveira
Capa: Fabio Oliveira

Dados Internacionais de Catalogação na Publicação (CIP)
Angélica Ilacqua CRB-8/7057

Pondé, Luiz Felipe
   Você é ansioso?: reflexões contra o medo [livro eletrônico] /
Luiz Felipe Pondé. – São Paulo: Planeta do Brasil, 2020.
   160 p.

ISBN: 978-65-5535-038-8

1. Ensaios brasileiros 2. Ansiedade 3. Filosofia - Miscelânea I. Título

20-1804   CDD 869.8

Índices para catálogo sistemático:
1. Ensaios brasileiros: Ansiedade

Ao escolher este livro, você está apoiando o manejo responsável das florestas do mundo

2022
Todos os direitos desta edição reservados à
EDITORA PLANETA DO BRASIL LTDA.
Rua Bela Cintra, 986 – 4º andar
01415-002 – Consolação
São Paulo-SP
www.planetadelivros.com.br
faleconosco@editoraplaneta.com.br

"Tendo renunciado, não sem algum lamento, mas de uma vez por todas, a uma visão monista ou totalizante da evolução contemporânea, resignei-me a tomar decisões que foram livres e acompanhadas por riscos, mas não de forma cega."
Raymond Aron

*Somos todos apanhadores
no campo de centeio*

SUMÁRIO

PREFÁCIO...11

É POSSÍVEL FALAR DE UMA ERA DA ANSIEDADE?
UM PEQUENO REPARO METODOLÓGICO....................13

FONTES DO DIAGNÓSTICO DE UMA ERA DA ANSIEDADE
NO MUNDO CONTEMPORÂNEO 21

DIALÉTICA DA ANSIEDADE 29

O FATOR ECONÔMICO NA DISTRIBUIÇÃO
DA ANSIEDADE NA SOCIEDADE 35

JOVENS ANSIOSOS.......................................41

ENVELHECENDO NA ANSIEDADE..........................55

A ANSIEDADE DAS NOVAS MASCULINIDADES 65

EDUCAÇÃO: A LOUCA DA CASA...........................73

ANSIEDADE E POLÍTICA 79

O GOZO DA PARANOIA 85

ANSIEDADE E REDES SOCIAIS 91

COACHING COMO TRANSMISSOR DE ANSIEDADE:
SUCESSO E PROSPERIDADE...............................97

ANSIEDADE E LIBIDO 103

MERCADO DA ANSIEDADE................................109

ANSIEDADE E COMIDA 115

ANSIEDADE E AUTOSSUFICIÊNCIA......................... 121

DEATH POSITIVE: UM PROJETO ANSIOSO DE MORRER 127

ANSIEDADE E RESSENTIMENTO 133

CONTINGÊNCIA, MÃE DE TODAS AS ANSIEDADES 139

O MEDO DO FUTURO.....................................145

ANSIEDADE E FALTA DE SIGNIFICADO 151

UMA PEQUENA CONCLUSÃO:
A ELEGÂNCIA CONTRA A ANSIEDADE...................... 155

PREFÁCIO

Um detalhe apenas: escrevi a maior parte deste pequeno diagnóstico da nossa era da ansiedade na quarentena causada pela pandemia do coronavírus. Alguns diriam que teria sido uma "bênção" pelo tempo livre que fomos obrigados a ter, apesar dos custos enormes causados pelo empobrecimento geral do país e do mundo. Outros disseram que tive um exemplo histórico diante de mim e a minha volta sobre o que é ansiedade.

O medo das pragas e as próprias pragas assolam o mundo há séculos. Mas não é desse medo que eu falarei nesta abertura de modo muito breve. Não foi uma "bênção", foi uma agonia. Só uma alma deformada goza com a agonia.

O que me chamou atenção atravessando a quarentena, que ainda não acabou enquanto termino este breve ensaio sobre a era da ansiedade em que vivemos, foi o gozo apocalíptico de muitas pessoas (o gozo da paranoia que descreverei abaixo). Não me refiro aos religiosos fervorosos que creem em pragas. Refiro-me às pessoas, na maioria bem formadas e não religiosas, que, por serem deprimidas, se deliciavam com o sofrimento dos demais. Vendo o mundo aparentemente se acabar, gozavam com o horror da vida. Esta talvez seja uma das piores formas de ansiedade: aquela que não diz seu próprio nome e que se transforma num veneno, quase físico, líquido, que escorre, como uma baba, pelo canto da boca.

Dedico este livro a todos que atravessaram a quarentena lutando.

É POSSÍVEL FALAR DE UMA ERA DA ANSIEDADE? UM PEQUENO REPARO METODOLÓGICO

Ansiosos somos todos nós. Mas podemos mesmo falar de "era da ansiedade"? Os historiadores, seguramente, dirão não, e com uma certa razão. É possível dizer que hoje somos mais ansiosos, por exemplo, do que eram as populações que viveram dez mil anos atrás?

Segundo a historiadora das religiões inglesa Karen Armstrong, no seu monumental *A grande transformação*, os povos da Antiguidade profunda viviam uma vida aterrorizante, representada nas cosmogonias e nos rituais violentos presentes em suas mitologias, crenças e religiões. Não acho fácil supor que nossas vidas regadas a longevidade, razoável segurança nas ruas, férias, antibióticos, Netflix e celulares sejam mais ansiosas do que a vida desses homens que eram mortos aos milhares na idade de 15 anos, nem dessas mulheres que eram violentadas aos 10 anos todos os dias. Nossa vida é mais fácil, nesse sentido. Talvez, justamente, pela facilidade das nossa vida, nossa ansiedade seja grande e de outra forma. Minha intenção neste livro é, além de outras coisas, tentar iluminar o modo típico da nossa ansiedade contemporânea e, em alguma medida, apontar possíveis formas de lidar com ela.

Para além desse exemplo, os historiadores afirmam que não há elementos empíricos concretos para comparar as diversas épocas em termos de ansiedade ou mesmo qualquer que sejam os afetos. Tendo a concordar com eles nisso. Como "medir" a ansiedade de quem viveu durante a Revolução Francesa ou a Segunda Guerra Mundial com alguém que vive passeando em shopping centers? Mesmo aterrorizados pela epidemia de coronavírus como estamos nestes dias, a humanidade nunca teve tantas ferramentas para combater uma epidemia.

O filósofo alemão Hans Jonas, conhecido por ser um especialista na heresia gnóstica cristã dos primeiros séculos da era cristã, usava expressões muito próximas da ideia de era da ansiedade para o século XX. E justificava seu uso contra a negativa dos historiadores.

Primeiramente, vamos esclarecer o objeto de estudo de Jonas. O gnosticismo cristão foi uma heresia que afirmava que o mundo tinha sido criado por um deus mal, o demiurgo. Jesus, o Salvador, era uma emanação de Agnostos Theos, o deus desconhecido, que nada tinha a ver com a criação e mandara "buscar" alguns homens e mulheres que tinham um parentesco ontológico com ele: uma "centelha" como diziam os gnósticos – esses homens e mulheres eram, claro, os portadores dessa centelha. Deixando de lado a complexa cosmogonia e redenção desses evangelhos gnósticos encontrados, em sua maioria, na região de Nag Hammadi, no Egito, em meados dos anos 1940, o que importa aqui é a semelhança que Jonas encontrava entre os gnósticos e a época em que ele vivia, o século XX, marcado, inclusive, pelo nazismo e pelo holocausto. Hans Jonas foi um dos inúmeros intelectuais alemães judeus que tiveram que fugir do massacre. E como muitos outros em sua condição, jamais se recuperou de uma profunda melancolia por causa dessa tragédia.

Jonas entendia que o existencialismo sartriano, e seu pessimismo atroz, negando qualquer sentido da vida, já que nós viemos do nada e voltaríamos para ele, se assemelhava ao vazio de sentido da cosmologia gnóstica, uma vez que, sendo o criador perverso, o mundo era uma máquina de torturas. Para Jonas, a derrocada do Império Romano na Antiguidade e a destruição da civilização europeia na primeira metade do século XX criaram as condições sociais e psicológicas para a experiência de uma ansiedade gigantesca que não se contentava com nenhum "pequeno" objeto causal imediato. Respirava-se medo, falta de sentido e, por isso mesmo, uma ansiedade sem horizonte de solução, daí o vínculo entre existencialismo e gnosticismo contido no conceito de niilismo, para Jonas. Niilismo é a forma mais radical de melancolia filosófica em relação ao mundo, na medida em que afirma ser este, e nós dentro dele, fruto do nada e estarmos vocacionados ao vazio. Esse vazio não é mera abstração, mas vazio de expectativas construtivas, fundamentação de valores, adesão a sistemas políticos não destrutivos, enfim, a negação pura e simples de qualquer esperança no mundo. Talvez não seja por acaso que um dos autores mais importantes da época, apesar de sempre ter recusado o rótulo de existencialista, se reconheceu como alguém contaminado pelo niilismo e era assumidamente trágico, tragicidade essa contida em seu conceito de filosofia do absurdo. A vida, para o escritor e filósofo argelino Albert Camus, é absurda porque há uma dissociação estrutural entre ator e cenário. O ator somos nós e a expectativa de que exista um sentido no mundo. Esse mundo é o cenário. Como o mundo nos nega esse sentido, vivemos uma vida absurda que está sempre demandando do mundo algo que ele não tem como nos dar. Essa relação entre falta de sentido e ansiedade será revisitada na sequência deste ensaio.

Seguindo Hans Jonas, entendo que seja possível afirmar a existência, hoje em dia, de uma época marcada por uma espécie de ansiedade que é descendente daquilo que Jonas chama de niilismo. Sem, necessariamente, carregarmos nos tons da experiência monstruosa do século XX (pelo menos, até agora), entendo que existam sintomas, pesquisas, dados, fenômenos, narrativas, comportamentos, impasses afetivos cotidianos, avanços enormes na indústria farmacêutica que apontam para um crescimento da sensação de ansiedade no mundo contemporâneo, muito próximo daquilo que o sociólogo húngaro-britânico Frank Furedi costuma chamar de cultura do medo, disseminada na sociedade afluente ocidental. Seguindo Furedi, o modo como termos similares a ansiedade, além dele mesmo, são recorrentes na mídia e na literatura psicológica, pedagógica e sociológica desde o final do século XX é um forte indicativo dessa era da ansiedade. Vale salientar que este livro não é um livro de psicopatologia, mas sim de filosofia, mais especificamente de análise do comportamento e dos modos como a cultura contemporânea tem produzido e lidado com esse novo paradigma que é a ansiedade como perspectiva de mundo.

Não vou me deter em qualquer definição técnica de ansiedade, nem tentar fazer um discernimento "científico" do que seria ansiedade. Proponho, em vez disso, que você leitor encare esta narrativa como um percurso que fala do seu cotidiano e do cotidiano atormentado de todos nós. Passemos às fontes e ferramentas metodológicas que conduzem nosso percurso. E neste trajeto, a ideia de ansiedade que tenho em mente ganhará forma ("gestalt", como se diz em alemão) e se revelará mais íntima de você do que você é de si mesmo.

FONTES DO DIAGNÓSTICO DE UMA ERA DA ANSIEDADE NO MUNDO CONTEMPORÂNEO

Somos todos apanhadores no campo de centeio. Holden Caulfield, personagem central do livro *O apanhador no campo de centeio* de J.D. Salinger, é um paradigma da sensação nascente de ansiedade entre adolescentes nos anos 1950. Romance fundamental para compor o repertório de qualquer leitor, *O apanhador no campo de centeio* não é um mero romance para adolescentes perdidos. Trata-se de um romance sobre o sentimento de que o mundo parece ridículo e sem sentido. E pior: muitas vezes Holden parece ter razão em seu desprezo pelas escolas, pelos colegas, pelos pais materialistas que jogam golfe, pelas mães madames entediadas que fazem compras já que seus maridos não querem mais comê--las, pelos ricos boçais, pelos pobres asquerosos que querem ter amigos ricos boçais, pelos inteligentinhos que cospem pseudossabedoria, pelos professores velhos, caducos e que se fingem de legais para atacar seus alunos meninos, pelas meninas inteligentes que, mesmo sendo inteligentes, adoram meninos idiotas, mas que são ricos e populares no *high school*, enfim, por meninas legais que "dão" para caras que desprezam as mulheres só porque eles fazem sucesso no futebol americano nas escolas e universidades. A utopia de Holden é ser um apanhador no campo de centeio e mandar o mundo à merda, coisa que ele não faz, ao final da narrativa. Holden está internado num hospital, no final do livro. Por quê? O narrador, o próprio Holden, não nos conta a razão de sua doença, que não parece terminal. O cenário de uma vida farsesca, perigosa e medíocre, percorre a narrativa do romance, sem que qualquer forma de heroísmo nos seja oferecida. A ansiedade de Holden é sua pequena miséria anônima. A ansiedade de Holden é ver o tamanho da farsa que é a vida em sociedade, e que no fundo ninguém sabe o que está fazendo aqui e agora. Desempenhamos papéis de coadjuvantes num roteiro em que os protagonistas são sempre uns cretinos.

A fonte essencial para afirmarmos que existe uma ansiedade espalhada pelo mundo é o fato de que a ansiedade é verdadeira. Se somos todos ansiosos, temos razão para sermos. Não se trata de um bando de idiotas ansiosos porque são bobos. Trata-se, antes de tudo, de um bando de ansiosos porque são informados. As redes sociais e a internet fazem o seu trabalho. A acessibilidade carrega a ansiedade como um parasita incubado, é um *carrier* como se diz em inglês. Cidadãos informados são ansiosos, este é um traço essencial da dialética da ansiedade em sua relação com o aumento na qualidade da informação e do conhecimento (a avalanche de informação sobre a epidemia de coronavírus foi uma prova do gozo com a ansiedade vinculada ao excesso de informação). Este livro pretende, antes de tudo, reconhecer as causas da ansiedade nossa de cada dia. Não somos uns ansiosos idiotas, somos uns "evoluídos" ansiosos.

Seguindo a mesma linha de raciocínio, que ilumina a dialética da ansiedade no mundo contemporâneo, num filme, desses clássicos sobre a Segunda Guerra, um capitão britânico tenta convencer um general a não fazer uma operação de paraquedistas na Bélgica, pós-Dia D, porque fotos revelam uma sombra na região que podia ser uma divisão de tanques alemães escondida. A resistência local havia garantido que não havia mais divisões alemãs prontas para o combate naquela região. Ao final, o capitão ansioso tinha razão. O filme se chama *Uma ponte longe demais* e narra o fato real da maior derrota aliada em solo europeu após o Dia D.

Mas o que importa aqui é o que o general fala para o capitão quando este mostra as fotos com as sombras suspeitas – que, no final, eram tanques alemães mesmo. O general reconhece que não há mais como voltar atrás na operação, mas que ele, capitão, famoso por ser ansioso, não deveria ter vergonha do *bullying* que sofria dos colegas por estar sempre preocupado com as possíveis consequências negativas das informações que recebia e tinha por missão analisar. O general diz a ele que alguns entre nós têm sempre essa cruz a ser carregada, que é ver o perigo mais perto que a maior parte de nós vê. A ansiedade dele era fruto do fato de que ele sabia e via demais, enquanto os outros podiam se dar ao luxo de não ver nem saber tanto quanto ele, justamente, porque tinha alguém para sofrer no lugar deles, no caso, o capitão em questão. A velha ignorância que produz leveza. *Ignorance is bliss.*

Essa fala revela o que vou chamar neste livro de fator econômico da ansiedade (econômico, aqui, nada tem a ver com dinheiro): a ansiedade é um sintoma social, nascido, em grande parte, do fato de que algumas pessoas "deixam o ônus" da ansiedade para os outros e isso amplia o sofrimento daqueles que sabem demais, e faz com que estes adquiram a imagem de um neurótico pessimista e desequilibrado, enquanto os outros são leves e divertidos. Esse fator econômico também se manifesta por projeções e expectativas que uns depositam nos outros, aprofundando a ansiedade, como no caso de pais para com seus filhos cada vez mais medicados.

Enfim, esse fator econômico se refere ao caráter social da ansiedade: os vínculos sociais produzem a quantidade de ansiedade em circulação na sociedade como um todo, assim como em setores particulares dela.

As fontes imediatas da era da ansiedade são muitas, e veremos algumas delas ao longo do nosso percurso. Redes sociais e internet, avanço na medicina, maior longevidade, emancipação feminina e suas consequências tanto para as mulheres quanto para os homens, disseminação das práticas psicoterápicas de estilo coaching, instrumentalização das relações (todo mundo se sente uma coisa ou uma função) e percepção da obsolescência programada de todos decorrente dessa coisificação das pessoas, desemprego inevitável e epidêmico devido à revolução cognitiva, instabilidade do futuro da democracia, selvageria crescente da sociedade de mercado e ressentimento como epidemia que esse tipo de sociabilidade competitiva gera, miséria psicológica e afetiva dos jovens, estado miserável e precário das instituições de educação, dissolução da família em geral, excessos ao redor da cultura trans e de gênero, obsessão com a alimentação, imperativo da felicidade e da prosperidade.

São inúmeras as fontes. Trataremos algumas delas com mais atenção, inclusive porque talvez uma das melhores formas de enfrentar a ansiedade seja aceitar que jamais a venceremos e que o que nos humaniza é o fracasso. Uma das maneiras mais seguras de você ser uma vítima da era da ansiedade é querer ser sempre um vencedor e querer sempre saber tudo de tudo. Talvez essa seja uma das maiores contradições da dialética da ansiedade: quanto mais você quer vencer, pior a ansiedade se torna, mas não querer vencer é uma forma de melancolia que não faz bem a ninguém. Contradições como essas nos aniquilam. E elas constituem o coração da dialética da ansiedade no mundo em que vivemos.

DIALÉTICA DA ANSIEDADE

Existe uma dialética sem integração final na forma como a ansiedade se constitui em nosso mundo, e no modo como ela se multiplica e se justifica. Não somos ansiosos porque escolhemos ser. Essa é uma mentira que aumenta a própria ansiedade. Qualquer técnica de coaching que diga o contrário é mentirosa. A ansiedade hoje brota das próprias relações sociais materiais e do horizonte que aguarda o mundo. Mais marxista do que isso, impossível.

Mas vale fazermos uma breve observação freudiana acerca da ansiedade. Para Freud, há uma dialética entre conhecimento e paranoia: esta é próxima daquele. Vejamos rapidamente qual é esse grau de parentesco.

Segundo o bruxo de Viena, o conhecimento, em sua natural dinâmica de organizar informações de forma conceitual e racional, encontrando ordem e sentido nas coisas, é parente próximo da paranoia que, além de seu aspecto especificamente persecutório, se caracteriza, em sua dimensão cognitiva, pelo mesmo movimento de organizar dados do mundo e da vida, estabelecendo uma racionalidade que gera sentido na organização desses dados apreendidos. O paranoico vê sentido em tudo a sua volta, e, claro, esse sentido tem forte caráter conspiratório, dando a ele o papel de personagem principal nesse mundo moldado em sua paranoia. A paranoia é, no fundo, um delírio inverso de grandeza. A distância entre o conhecimento e a paranoia é o reconhecimento e a aceitação de que nem tudo tem sentido na vida, nas coisas e no mundo. É, portanto, um recuo diante da intenção de tudo entender e de tudo arrancar sentido. A paranoia é uma epidemia de sentido que inunda a vida cognitiva e afetiva. Esse recuo tem muito a ver com a desistência do sucesso, imperativo absoluto na ordem do mundo em que vivemos: devemos, imperativamente, sempre vencer, prosperar e ter sucesso. Onde essa ordem se impuser de forma inexorável, seu afeto essencial será a ansiedade. E é essa a ordem de mundo em que vivemos, e nada indica que mudará no horizonte, apesar dos delírios dos *millenials* e seus Apps do bem. Veremos alguns exemplos dessa dinâmica na sequência.

Assim sendo, uma matriz dialética da ansiedade aqui se revela. A ansiedade se relaciona diretamente com a busca de felicidade, de sucesso e de progresso. Como não há como recusar esses três comportamentos hegemônicos, uma das soluções para a ansiedade talvez seja a desistência estoica da vida, o que exige muito amadurecimento, recurso escasso no século XXI. Tentaremos ao final investigar algumas dessas possíveis e frágeis estratégias.

O exemplo de Freud logo acima ilustra bem o caráter dialético da ansiedade: quanto mais conhecimento, maior risco de paranoia e ansiedade associada. A ansiedade contemporânea é fruto da melhoria das condições de vida. Com isso não quero dizer que pessoas pobres não tenham ansiedade. Evidente que têm, inclusive sendo uma delas a relação aspiracional, principalmente entre os jovens, para com a vida dos mais ricos. Como diz Freud acerca do parentesco entre conhecimento e paranoia no plano cognitivo, a ansiedade é prima-irmã da possibilidade de melhorar a vida: a dialética da ansiedade é, justamente, esse parentesco no plano dinâmico, quanto mais assertividade em direção ao sucesso e à prosperidade, mais ansiedade. O profissional de coaching é quase o sacerdote absoluto dessa dialética. Suspeito que esse vínculo entre ansiedade e possibilidade de prosperidade jamais será quebrado em nosso mundo contemporâneo pautado pela produtividade e eficácia. Ao contrário, creio que quanto mais estratégias de base cognitiva comportamental superficiais, como o coaching, forem montadas e vendidas, mais ansiedade. Nesse sentido, essas estratégias são elas mesmas ferramentas que alimentam o mercado da ansiedade: o objetivo final do coaching é deixar você ansioso fingindo que não.

Eis o caráter propriamente histórico, ou o *zeitgeist* (espírito do tempo), como alguns chiques falam, da ansiedade hoje. Está inscrita na ordem do mundo, como se diz no materialismo histórico, e nas ferramentas de enfrentamento desse mesmo mundo. Não vai mudar e não há saída, há apenas formas de lidar com esse fato. Ao contrário, uma cultura da ansiedade (à semelhança da cultura do narcisismo nas últimas décadas do século XX e até hoje) está em vias de constituição. Está pronta para sair do armário. Mas, antes de brilhar, ela se faz aos poucos mercados e, ao se fazer mercado, se constitui numa certa anormalidade normalizada na rotina afetiva da vida contemporânea. O comportamento ansioso deverá, em algum momento, ser dissecado e transformado em fenomenologia. Se você quer ter uma vida melhor materialmente, fatalmente será um ansioso.

Essa dialética será nosso método de análise na era da ansiedade em alguns momentos necessários. Sigamos para outra categoria de fundo dessa análise.

O FATOR ECONÔMICO NA DISTRIBUIÇÃO DA ANSIEDADE NA SOCIEDADE

Antes de tudo devemos esclarecer o que quero dizer com o título acima. Não se trata de uma ferramenta de análise de mercado. Quando eu quiser falar de mercado da ansiedade, direi "mercado da ansiedade", como já adiantei. Pelo título deste capítulo me refiro ao "aspecto dinâmico" (de novo, seguindo o bruxo de Viena) da dialética da ansiedade. Vejamos.

O capitão do filme citado é o arquétipo que descreve esse fator econômico. Uma das estruturas dinâmicas da era da ansiedade é a relação econômica entre os mais ansiosos e os menos ou quase não ansiosos. A competência cognitiva e ética leva à ansiedade. Aliás, em nossa era, praticamente, toda forma de competência (ou busca por competência) leva à ansiedade. Eis um exemplo didático da dialética acima referida. Essa dinâmica econômica determina também que as expectativas de uns agravam a ansiedade de outros. Nesse sentido, a ansiedade se torna uma realidade dinâmica e social que assume traços de contágio em escala. Os laços sociais mínimos passam a ser transmissores da ansiedade em vários níveis do convívio cotidiano, institucional e familiar mesmo.

Você, seguramente, deve ter uma irmã ou um cunhado que deixam as coisas caírem no seu colo. Se for você que faz isso com eles, provavelmente não terminará a leitura deste livro. Será insuportável para você tomar alguma consciência de como vive à custa da ansiedade alheia.

Imagine que você é a neurótica que deve organizar um feriadão na casa de praia, e como valoriza a família, e gosta de seu convívio, assume a responsabilidade de garantir comida, bebida, empregadas, camas e tudo o mais para o grupo que estará com você. Mesmo a hora que chegarão à casa de praia poderá causar ansiedade na coitada que é você: virão para o jantar ou não? Você deverá providenciar comida para quantas pessoas? Pessoas que passam para o outro a condição de objeto no fator econômico da dinâmica da ansiedade costumam ser mais divertidas, menos cansadas, mais disponíveis para atividades de lazer, justamente porque não estão neuróticas em fazer as coisas cotidianas (a logística, digamos) darem certo. O resultado é que as folgadas são mais bonitas, mais bem-cuidadas, mais interessantes, principalmente para pessoas atraídas pela superficialidade. Ansiosos, o objeto desse fator econômico (os agentes no fator econômico são os não ansiosos neste exemplo), tendem a ser mais profundos, exigentes, atentos ao que acontece na realidade, e não na fantasia, e, portanto, têm mais dificuldade em ser superficiais e divertidos. A ansiedade, em sua dinâmica econômica distributiva, é uma consequência do maior ou menor investimento prático na responsabilidade com as coisas. É uma ética que leva você ao sofrimento. Como toda virtude, a responsabilidade implica uma prática. A prática da responsabilidade, hoje, gera um desequilíbrio na distribuição da ansiedade, justamente porque o amadurecimento necessário para essa prática é um recurso em extinção, como disse acima. Na medida em que grande parte opta pela vida infantilizada, a distribuição desigual da ansiedade se instala.

Esses infantilizados escapam da era da ansiedade? Claro que não, mas a vivem como crianças fora de época, diria, como retardados, consumidos pela fuga cada vez mais desesperada da realidade. Enquanto os ansiosos mais maduros pagam o preço de serem mais afeitos a estados melancólicos, como o desencanto e o risco constante de niilismo afetivo.

Mas comecemos pelo futuro da era da ansiedade, para olharmos o horizonte histórico que, possivelmente, nos espera. Quando se fala em futuro, fala-se em jovens. Eles estão mais preparados para essa era? Não creio. Ao contrário, estão mais devastados do que os mais velhos. Arriscaria dizer que a esperança do futuro está nos mais velhos.

JOVENS ANSIOSOS

O tema da ansiedade entre jovens é por si só um continente à parte e autônomo. A literatura específica sobre o estado de espírito e as condições psicológicas dos jovens no mundo contemporâneo são um universo de temas e subtemas. Começar a tratar da ansiedade entre os jovens demanda cuidado em relação a qual porta de entrada escolhemos abrir. Decidimos iniciar nossa exploração desse tema pela falsa imagem dos jovens que se costuma passar hoje em dia, seja na mídia, seja nas escolas, na família, no cinema, nas novelas ou, principalmente, nas redes sociais.

A decisão de começar pela "mentira" se dá porque assim já apontamos o que não caracteriza a vida real desses jovens, e, ao mesmo tempo, já indicamos uma das causas mais importantes para o avanço do fator econômico da ansiedade entre os jovens: quanto mais mentimos sobre eles, mais ansiosos ficam em desejar atingir os níveis de fantasia que se alimenta em relação a eles. Nossas projeções sobre eles o fazem objeto de nossa ansiedade.

Antes devemos reconhecer que o conceito de "jovem" é recente na história da humanidade. Até ontem não existia. O conceito de jovem que conhecemos hoje é fruto dos anos 1960 e do movimento da contracultura e de maio de 1968. A calça jeans é seu uniforme original. O movimento hippie nasce da recusa do serviço militar obrigatório para a guerra do Vietnã. Não é minha intenção aqui discutir suas condições históricas. O fato é que o jovem como conceito ou figura social definida nasce nesse momento e assume o papel de sacerdote do avanço social, característica do marketing profundo da racionalidade burguesa: o jovem é o futuro dos mercados. A burguesia precisa que o mundo "mude" porque as pessoas cansam do que compram e mudanças de comportamento são parte do processo aspiracional, que gera novos hábitos e objetos de consumo. Daí nasce o fetiche com a ideia de "jovem revolucionário" e, posteriormente, "jovem evoluído", portador de novas tendências, ideias e soluções para o mundo. Cada vez que pais reconhecem em seus filhos uma "evolução" no modo de ser deles, reconhecem, por tabela, a decadência de seu próprio modo de ser. Incrível porque o jovem, por excelência, é um ignorante sobre a vida real, por simplesmente ter acabado de chegar ao mundo. Mas num tipo de lamarckismo [derivação de Lamarck, Jean-Baptiste Lamarck, biólogo francês] de boteco, os mais velhos assumem que, se o jovem nasceu depois, é mais evoluído.

Avançando no diagnóstico da criação do conceito de jovem, uma pitada de materialismo histórico nos ajudará a entender esse processo. O jovem como agente de consumo, demandante, chegando hoje à criança na mais tenra idade com seus gostos por produtos mediados pela indústria do audiovisual em cinema, animação, games e plataformas na internet, é um consumidor exigente e criador de padrões e tendências que atingem as populações mais adultas. O fato de a produção capitalista necessitar do "futuro" como dimensão temporal concreta para crescer implica a fetichização da idade como marcador de mercado.

E quem é esse personagem criado pelo marketing americano, que depois se transformou em conceito de psicologia, sociologia, política e medicina? O perfil dessa criatura do marketing já carrega em si a vocação à ansiedade, porque ele é criado em cima da noção primária de expectativa. O jovem é um doente terminal de expectativas. Ele deve entender de coisas que não tem repertório para tal, como política, relacionamentos afetivos e sexuais, decisões morais sobre certo e errado, enfim, um conjunto de temas que apenas o repertório de experiências de vida capacita alguém para entender e decidir.

Na pressa de dar todo poder aos jovens – essa pressa vem do mercado de consumo e de comportamentos –, atropelamos o processo de amadurecimento deles, fazendo com que ajam como se entendessem, de fato, sobre o que dizem entender. Muitos adultos, ridículos, chegam ao absurdo de querer tê-los como gurus, invertendo completamente a relação entre gerações, confundindo saber mexer no iPhone (que eles de fato sabem muito melhor) com saber tomar decisões e exercer julgamento sobre o mundo em geral. A figura da ativista ambiental sueca Greta Thunberg é o arquétipo desse fetiche.

Ouvi muitas vezes, em sala de aula, alunas se queixarem de suas mães separadas querendo aprender com elas sobre vida amorosa. Essas alunas morriam de vergonha de suas mães metidas a jovens. Quando você mostra a um jovem que quer ser igual a ele, ele perde seu horizonte de futuro. Sua perspectiva passa a ser que envelhecer é querer ser um retardado que brinca, no caso da relação mãe e filha que descrevi acima, de "menina sedutora". É óbvio que o tema do envelhecimento será uma de nossas pautas aqui, e, também, especificamente, o fenômeno da menopausa como grande fonte de ansiedade e sofrimento, que, infelizmente, é objeto de repressão como tema de reflexão por causa dos excessos do movimento feminista na fúria de "empoderamento" da mulher contra fatos biológicos da vida que a diferencia do homem. A verdade é que a menopausa é um tema que afeta as mulheres e seus parceiros, mais especificamente e justamente aqueles que as amam. Como se sabe há muito tempo, o feminismo é um movimento que quando se mete embaixo dos lençóis demonstra, claramente, que confunde a totalidade dos homens com seus piores exemplares. A pergunta que não quer calar é: esse erro "metodológico" seria proposital ou só estupidez?

De qualquer jeito, a ficção criada do jovem (pela contracultura e pelo mercado) é hoje uma das maiores causas de ansiedade entre os jovens. E mais: a tendência, na medida em que ser jovem é o objeto aspiracional máximo, é as pessoas aos 40 anos quererem ser adolescentes. De ficção, a "identidade jovem" tem se tornado uma epidemia de imaturidade em muitos adultos. Suspeito que essa epidemia, sem descrição epidemiológica clara, só tenderá a aumentar. Grande parte do que vamos ver na sequência sobre a ansiedade entre os jovens decorre desse passo infeliz, catapultado pelo mercado, de relacionar jovem com altas expectativas. Como disse antes, o jovem é um paciente terminal em termos de expectativas de sucesso, evolução, autonomia, entre outras fantasias, muitas vezes geradas pelos próprios pais e pela sociedade imatura em geral, como a nossa.

Entre essas expectativas, vejamos aquela que exige do jovem que ele salve o mundo.

Salvar o mundo é um "papel social" que deita raízes em expectativas apocalípticas em geral nas religiões (usando o termo aqui não só para o judaísmo, cristianismo e islamismo que portam essa expectativa de fato). A ideia de que um período da história ou da vida individual marcará a redenção da vida é, talvez, uma das expectativas mais ancestrais na experiência humana.

Grosso modo, desde os anos 1960, esse papel de redenção do mundo tem sido alocado, de maneira mais concentrada, nas chamadas "novas gerações". Entretanto, a chamada geração milênio é a primeira que nasce já carregada desse repertório de "geração do futuro". Em se tratando do próprio avanço em tecnologia da informação e comunicação (coincidência que não é coincidência se pensarmos de forma materialista histórica como disse acima), veremos que o papel de "geração do futuro" caberá muito bem aos milênios, nascidos a partir do início dos anos 1980. Veremos logo as diferenças para com os nascidos a partir de meados dos anos 1990. Segundo a psicóloga norte-americana Jean Twenge, essa geração já nasceu banhada na internet e no iPhone, por isso ela a chama de *iGen* ou geração i. Os milênios foram descritos por ela em seu livro *Generation me*, de 2006. Uma das marcas da infância dessa geração foi o excesso de "palmas" para tudo que faziam, num esforço de aumentar a autoestima da criança desde cedo, tanto por parte dos pais quanto das escolas. Esses jovens foram criados desde cedo como portadores de um "eu" sempre especial e centro do mundo. A diferença, no caso da geração hippie, *baby boomers* jovens então, é que a experiência de ter um "eu" agente de escolhas na vida se deu já na idade adulta e não no berço. O resultado, segundo a autora, é que os *gen me* (termo que ela usa para os milênios) e os *iGens* (termo que ela usa para a geração i) foram chamados a ter um "eu" que escolhe, julga e determina, sob palmas, desde muito cedo. Sendo o mundo o que ele é (muitas vezes uma máquina de tortura), quando chegados à idade adulta, mesmo que ainda jovens, esses egressos de um mundo excessivamente fantasioso quanto às suas qualidades e potencialidades, esses jovens teriam dificuldade de enfrentar uma realidade indiferente às suas altíssimas demandas de reforço de autoestima. O resultado viria em diferentes formas de comportamento.

Uma dessas formas é a alta ansiedade devido às expectativas excessivamente reforçadas na infância. Quando lhe dizem desde que nasceu que você é especial e que cada rabisco que faz é um Kandinsky nascendo, vai ser difícil quando crescer e tiver que pagar boletos todos os dias. Vai ser difícil quando as pessoas a sua volta lhe tratarem de forma banal, e aquilo que você achava ser excepcional era na verdade banal. O fato de os casais terem cada vez menos filhos piora o quadro, porque uma atenção excessiva é lançada sobre o único filho, que deverá suportar todas as projeções narcísicas dos pais. Toda vez que um filho é um "projeto", ele será um ansioso em alto nível. Ninguém pode suportar o peso de ser um projeto dos pais sem pagar um alto preço em termos psicológicos. Os normais fracassos da vida real se tornam pesadelos especiais para esse adolescente.

A consequência imediata disso é o alto índice de medo. Ao contrário do que foi levado a crer pelos pais e pela escola, ele não é ninguém especialmente evoluído ou talentoso ou inteligente. Ele terá que enfrentar um mundo indiferente e agressivo. O mundo não é só isso, mas é essa dimensão negativa que aqui importa, e ela só tende a aumentar devido a uma série de processos que veremos na sequência. Os jovens morrem de medo do mercado de trabalho inseguro, dos relacionamentos afetivos líquidos, da dissolução das famílias, da impossibilidade de confiar no mundo e no futuro. Sendo eles a principal vítima de um futuro dissolutivo, o medo os acomete (os idosos também, mas de outra forma, como veremos a seguir). Esse medo é piorado quando compram para si mesmos a falsa imagem de que têm medo em razão de causas como aquecimento global, desigualdade social ou o "crescimento do fascismo". E as escolas, mídias e famílias reforçam essa mentira – a mentira que vimos acima. Não. Eles têm medo porque a vida, as relações, o mercado de trabalho, os afetos, como bem viu o sociólogo polonês Zygmunt Bauman, estão em processo de dissolução. Sabem, no fundo do coração, que eles são jovens agora, mas que o prazo de validade deles será ainda mais curto do que o dos mais velhos. Ter medo na condição deles não é um traço patológico, é uma reação puramente racional de alguém que percebe a realidade a sua volta. Esse medo alimenta e se alimenta da ansiedade num ciclo econômico de crescimento infinito. E as condições materiais da sociedade que o causa não mudarão tão cedo.

Outro traço dessa era é a fuga da idade adulta. Amadurecer seria índice de perda do prazo de validade porque a própria noção do adulto maduro como narrador sábio da vida se desfez diante, inclusive, do aumento significativo da longevidade. Como mostra a psicóloga Jean Twenge, marcadores sociais de amadurecimento, como sair da casa dos pais, manter-se financeiramente, sustentar um relacionamento minimamente contínuo e desejar filhos, estão em baixa – todos os quatro. E o que isso indica? Que há uma protelação do que chamamos "se tornar adulto". Quanto mais condição financeira dos pais, mais estratégias lentas de vida.

Estratégias lentas de vida se opõem a estratégias rápidas de vida. Estas, mais presentes em jovens de classes C e D, se manifestam, justamente, por meio dos quatro marcadores de amadurecimento já indicados. A ideia de "rapidez", aqui, significa que caminham sem medo e de forma parecida com os jovens do passado no que representa socialmente a idade adulta. Jovens de classes sociais menos favorecidas tendem a mostrar mais resiliência, capacidade de decisão, coragem de investir na vida, e, por isso mesmo, devem ser alvo de escolha das empresas.

Já as estratégias lentas de vida são marcadas pelo aumento de opções de escolha ao longo da vida do jovem, que o afasta das demandas adultas tipificadas nos quatro marcadores de amadurecimento. Sair da casa dos pais para ganhar pouco (o achatamento da renda é crescente entre os mais jovens devido à alta competição de países com enorme população, como China e Índia) não vale a pena. O padrão de vida cai, e a possibilidade de brincar de ter causas sociais de modo seguro também é reduzida, o que é desagradável para uma geração que preza em fazer da vida uma coisa *fun*. Relacionamentos contínuos são objeto de medo devido à necessidade de investimento, e investimento cansa. Quanto a filhos, então, melhor cachorros e gatos, duram menos, custam menos e amam mais facilmente. Traços de narcisismo abundam nas classes sociais mais favorecidas. Trata-se aqui de um desdobramento negativo evidente do enriquecimento material, ainda que não necessariamente seja a única causa.

Enfim, a fuga da vida adulta é um modo de enfrentar a ansiedade posta por essa mesma vida adulta. A criação mimada desses jovens de classes A e B acabam por torná-los objetos de alta ansiedade típica de quem tem sua vida infantil tecida dentro de "bolhas de segurança". A incapacidade de sofrer é forte causadora de ansiedade entre esses jovens.

E a medicalização? Aqui vemos um traço diferencial da geração i. Esse fator é essencial. Processos comparativos são difíceis porque não podemos saber com precisão se aumentaram os casos de ansiedade patológica entre os jovens ou se avançaram os remédios para quadros assim, e, portanto, os diagnósticos se tornaram cada vez mais precoces e a medicação, em consequência, chega mais cedo à casa desses jovens. Claro que a crítica à indústria farmacêutica na área psiquiátrica é comum no sentido de que o aumento da prescrição de remédios de modo precoce amplia os lucros dos consultórios e da indústria. Os jovens e seus pais se tornariam dependentes das drogas de tarja preta. A favor de ambos, médicos e indústria, devemos dizer que a angústia da ansiedade atinge níveis insuportáveis causando, inclusive, outras formas de patologias degenerativas, e que o tratamento iniciado cedo pode determinar maior autonomia e adaptação ao "novo estilo de vida". É evidente que uma certa preguiça na lida com filhos excessivamente ansiosos pode levar todos – jovens e seus pais – à acomodação, fruto da medicalização precoce, e determinar que uma menina ou um menino de 14 anos se torne dependente de um tarja preta para o resto da vida, diminuindo a chance de enfrentar as dores da vida sem a dependência química.

Portanto, nos jovens nascidos a partir de 1995, a geração i denominada por Twenge, os sintomas são agravados. Infelicidade, preguiça, desinteresse pela educação, solidão, excesso de redes sociais, submissão a padrões estabelecidos pelas próprias redes sociais, enfim, um quadro que se agrava à medida que são "chamados" a ter um "eu" antes mesmo de ter um "corpo" menos infantil. O prognóstico não é dos melhores, inclusive se lembrarmos que o efeito aspiracional desses jovens A e B sobre os C e D impacta no sentido de repetir esse comportamento infantil. A acessibilidade da "vida instagram" (hoje, porque algo semelhante tomará o seu lugar no futuro próximo) implica a capilarização desse traço aspiracional de cima para baixo na pirâmide social de comportamentos "bacanas".

Enfim, olhar os jovens pelo ângulo da era da ansiedade nos ajuda a compreender o grau de profundidade dessa epidemia e o impacto numa personalidade ainda em formação precoce. A instabilidade dos mais velhos é fator decisivo na ansiedade dos mais jovens. E isso não vai melhorar.

ENVELHECENDO NA ANSIEDADE

Pensar nos mais velhos nesse cenário não é pensar no passado. É, antes de tudo, pensar no presente, no horizonte da longevidade. Por isso, antes de tudo, devemos pensar o que significa essa longevidade.

Viver mais é fruto de avanços tecnocientíficos, econômicos, políticos e sociais. A medicina e a indústria farmacêutica, com todos os pecados que esta possa carregar nos ombros, são fatores determinantes da longevidade. Da diminuição das guerras em alta escala, aos esgotos, às vacinas, aos antibióticos e aos ansiolíticos, tudo se soma para ampliar a longevidade. Perceber esse somatório de agentes, começando por seus protagonistas, a medicina e a ciência, é essencial para entendermos claramente a natureza "artificial" da longevidade. Ao contrário do que espíritos próximos ao veganismo possam imaginar em seus delírios, a melhor qualidade de vida que a humanidade goza em escala estatística é fruto da indústria da ciência e não de métodos naturais. Ao reconhecermos a natureza artificial da longevidade, temos que reconhecer sua natureza econômica básica: todo artifício é fruto de alguma forma de riqueza em si. Prova evidente desse fato é que nos países mais ricos e organizados encontramos maior longevidade. Apesar da obviedade dessa relação de dependência entre longevidade, artifício (técnica) e riqueza, é preciso lembrar sempre isso ao leitor delirante e que tende a crer que as coisas são fruto da ação de duendes mágicos bem-intencionados. Nada se consegue sem riqueza acumulada durante uma dose razoável de tempo.

Outro fator decorrente desse vínculo é sua efemeridade. Tudo que é artificial é histórico. E sendo histórico é efêmero estruturalmente. Por exemplo, uma crise econômica mundial e sistêmica nos levaria de volta à Pré-história, e, com ela, as mulheres voltariam a morrer de parto e os homens voltariam a morrer na guerra. O reconhecimento dessa natureza efêmera da longevidade deve nos ajudar a combater uma característica típica de nossa época que é tomar tudo como óbvio e fácil (*we take everything for granted*, como se diz em inglês).

A fragilidade presente na efemeridade não é apenas "filosófica", é concreta. Ao contrário do que possa parecer, a longevidade no nível individual é vivida cotidianamente, e esse cotidiano já é marcado pela efemeridade e pela contingência. Logo, é terreno fértil para a ansiedade.

Imaginemos um clichê. Vemos um homem de 77 anos correndo num parque, magro e saudável, acompanhado de sua namorada de 30 anos, uma deusa. Se a imagem retroceder para mais cedo naquele dia, o veremos tomando uns dez comprimidos, inclusive um azul para dar conta da namorada antes do café da manhã. Nada contra, pelo contrário. Seguindo nosso clichê, esse homem faz check-up todos os anos no mínimo, em pânico com a possibilidade de ter câncer de próstata (a namorada ajuda a diminuir o crescimento da próstata, o que indiretamente ajuda a diminuir algum risco de câncer), além de correr risco de ter aumento da pressão arterial, ataque cardíaco, perda de vitalidade. Sua vida profissional ativa pressupõe alguma dose de estresse necessário (dinheiro sempre pode acabar, não importa quanto você tem).

Mudemos o clichê. Imaginemos uma dessas mulheres inteiras por volta de 50 a 60 anos. Linda, gostosa, conversando com amigas da mesma idade. Viajando. Essa mulher é menopausada, como se diz em medicina. A beleza dela, cara para ser construída, não necessariamente acompanha seu desejo sexual. Em muitos casos, ela é uma gostosa linda sem um pingo de desejo sexual. Reposições hormonais de estrógeno continuam a ser um risco alto de câncer de mama, por exemplo. Muitas mulheres, por terem parentes diretas com câncer ginecológico precoce (antes dos 50 anos), não podem fazer tais reposições de modo algum. Mas a cena deve ser mantida, mesmo que a luta para querer fazer uso desse corpão a consuma por horas. Algumas desistem, outras têm mais sorte genética, outras contam com maridos mais dedicados, outras se lançam no mercado disputando sexo com meninas de 25 anos, outras decidem que é melhor virar lésbica e ir às compras com a "esposa", na mesma condição dela, ou seja, sem desejo sexual. A ansiedade é alta, ainda mais porque o tema é proibido pelo mercado da saúde e da felicidade, pelas feministas, pelas intervenções estéticas e endocrinológicas. Todos devemos fingir que não existe a menopausa, inclusive entre os casais e as amigas.

Nosso homem-clichê é uma presa contínua da ansiedade. Primeiro para se manter ereto diante da gostosa de 30 anos (uma ameaça contínua), além de sofrer pela dúvida de se ela quer ou não apenas dinheiro (o que para alguns não chega a ser um problema de fato). Ele também poderá se sentir bastante ameaçado caso ela dê sinais de cansaço por ter um homem de 70 anos ao lado com dificuldade de ereção, quando existem muitos homens mais jovens, mais saudáveis e mais felizes. Amadurecer implica certa dose de tristeza acolhida no coração de qualquer um. E o imperativo da felicidade é uma fonte infinita de ansiedade. Idosos são, por natureza, menos dados a arroubos de felicidade.

Sentem-se cansados, temem a morte inevitável e próxima, sofrem com a perda do valor de mercado de trabalho e afetos. Num cenário de prosperidade forçada, o envelhecimento é necessariamente causa de ansiedade. Não se pode envelhecer sem pedir desculpa ou passar vergonha.

Se há mentira acerca do jovem, há também mentira acerca do envelhecimento. Voltemos à nossa mulher-clichê.

Uma cena comum é observar o quanto pode ser ridículo o nosso homem-clichê na mão das novinhas, certo? Mas o mesmo não se pode dizer no caso de mulheres menopausadas em seu sofrimento silencioso. Qualquer fala limitando o "empoderamento" da linda de 60 anos sem desejo sexual seria considerada machismo pela inquisição de gênero. Além da agonia de poder ser trocada por uma novinha, essa mulher carrega sobre os ombros a obrigação de se mostrar poderosa em todos os sentidos, como se existisse algum ser humano que assim o fosse, homem ou mulher. Nesse sentido, a emancipação feminina joga a mulher na mesma armadilha em que vive o homem: ser eternamente operacional e fingido até morrer.

A mentira aqui é, mais uma vez, fruto da alta expectativa, neste caso específico, alocada nas mulheres pós-anos 1960. Assim como os jovens, presos nas teias das expectativas de pais e professores, as mulheres vivem agora sob a proibição de envelhecer. Devem fingir o tempo todo que estão prontas para uma vida que nem elas mesmas suportam.

Para além desses clichês, envelhecer na ansiedade se move dentro de um horizonte de desvalorização e solidão do idoso. Apesar de todos os esforços do marketing existencial em criar um personagem de consumo como o jovem, é um pouco mais complicado no caso do idoso devido aos limites psíquicos e físicos da própria idade. Além, é claro, dos limites impostos pelo mercado das funções produtivas, ou dito de forma mais comum, mercado de trabalho. A ansiedade do idoso, além da idade em si que se impõe como uma ameaça inevitável, está intimamente ligada ao exílio da função produtiva. Esse processo tende a se acirrar e, provavelmente, os milênios perderão o prazo de validade profissional ainda mais rápido que seus pais *boomers* ou x. No ritmo em que a revolução cognitiva se processa, a aceleração é inevitável. É claro que acomodações acontecem, mas dificilmente no mundo das forças produtivas ocorrerá retrocesso. A menos que uma catástrofe econômica surja, e, então, o longevo desapareça, como já dissemos. Um dos horrores associados a grandes ameaças de pandemias virais é justamente o da catástrofe econômica.

A solidão é um fato, inclusive decorrente da atomização das famílias "emancipadas". Adultos que optam por não ter filhos investem na solidão posterior como momento de "cobrança" pela suposta autonomia e liberdade usufruída de que nunca tiveram que se atrasar para cuidar dos pentelhos. Com isso não quero dizer que filhos são garantia contra a solidão. O número de pais abandonados por filhos só cresce, basta ver as casas de repouso proliferarem. Mas isso é, ao mesmo tempo, um efeito dialético da longevidade: quanto mais vivemos, mais idosos e exilados do ciclo produtivo nos tornamos. Eis o problema: a solidão no envelhecimento independe, muitas vezes, de ter ou não filhos. Mas estes podem, sim, estar presentes na vida dos pais idosos, principalmente se derem netos a eles. O ciclo clássico da vida mais ou menos feliz é esse. Ao mesmo tempo, é justamente esse ciclo que costuma ser recusado por grande parte dos mais jovens.

Num mundo pautado pela produtividade, não é por acaso que aqueles que tentam solucionar o problema social e psicológico dos longevos falem de envelhecimento ativo. Ser incapaz de ação implica desaparecimento social, mesmo que essa ação seja improdutiva. Entretanto, a ação improdutiva, normalmente dada aos mais velhos, pouco serve como causadora de significado na vida, gerando aquele tipo de ansiedade típica da vocação à inércia. Mórbida por natureza. Por isso, a possibilidade do trabalho dentro da longevidade é fundamental como forma de enfrentar esse tipo específico de ansiedade associada à ameaça de desaparecer da existência. Morrer estando vivo. Um dos golpes da modernidade é gerar ansiedade justamente por gerar longevidade sem função. Eis a dialética de ansiedade de novo. Menos filhos, menos netos. Ao mesmo tempo, as avós desaparecem e se transmutam naquelas mulheres-clichês e os avôs em homens-clichês do qual já falamos. Todos querendo ser felizes. A perda da função de narrador da vida é o túmulo do significado do envelhecimento. A mesma sociedade que gerou a longevidade gerou o horror ao envelhecimento. Essa contradição é fonte inesgotável de ansiedade.

A ANSIEDADE DAS NOVAS MASCULINIDADES

O que é a nova masculinidade? Assim como o "jovem", essa nova masculinidade é uma criação do marketing. Mas devemos esclarecer para quem ainda não entendeu que ao dizer que algo é uma criação do marketing não quero dizer que seja *fake* de todo. Quero dizer que, respondendo a uma necessidade real da sociedade de mercado (no caso, o eterno imperativo de criar frentes novas de significado para devastação de sentido que a própria sociedade de mercado realiza), cria-se algo que é um produto de comportamento (uma modinha, dito de modo mais simples) e se aprofundará num comportamento de consumo, com seus "valores" específicos, desaguando numa suposta personalidade que é, na verdade, mero estilo de vida.

No plural, a expressão "novas masculinidades" se acomoda na tendência pós-moderna (termo meio *démodê*) de tornar tudo plural mas não aprofundar nada e, também, se acomoda na moda de gênero: quantos gêneros o consumidor de comportamentos quiser, quantas novas masculinidades o consumidor de comportamento quiser.

Mas há algo a levar a sério nesse "conceito"? Sim, além do dito até aqui, a ansiedade com relação à dissolução do papel masculino e sua identidade.

Óbvio que a teoria interseccional da feminista negra norte-americana (seguindo a teoria dela, temos que fazer essa descrição, para mim pessoalmente tanto faz) Kimberlé Williams Crenshaw considera que a identidade masculina heterossexual branca não deve falar nada porque é o topo da pirâmide no mecanismo de opressão. Mas isso pouco me importa. O fato é que buscar essas tais novas masculinidades (basicamente, ser um homem mais feminino) gera ansiedade nos homens e nas mulheres, aquece o mercado publicitário dominado por feministas de ambos os sexos e dos ansiolíticos.

Nos homens porque eles sabem que o que está em jogo, além de desmoralizar seus hormônios, é deslegitimar seus desejos e comportamentos associados aos seus desejos. A interdição ao desejo pela mulher é a base dessas novas masculinidades. Claro que sempre foi difícil para os homens lidar com as demandas de super-homem que lhes são feitas desde sempre pelas mulheres, e continuam a ser feitas – apenas mente-se agora sobre elas por causa do feminismo, o que gera ainda mais ansiedade. Parte da formação do caráter masculino sempre foi ser capaz de suportá-las, enfrentá-las e ultrapassá-las, até perceber o quanto muitas delas são pouco importantes. Agora tudo é igual em termos de demandas antigas, apenas somamos a elas a demanda do fingimento com relação às velhas demandas. Resultado: os homens se fazem MGTOW (*men going their own way*), desinvestindo as mulheres e fazendo-as pagar pelo jantar, enquanto afirmam sua independência para com os vínculos afetivos. Ansiedade, solidão, ressentimento.

A pressão sobre a lida com os bebês é um desses terrenos. Os novos masculinos já dispõem de seios artificiais ridículos com mamadeiras para brincarem de amamentar os filhos. As mulheres devem achar isso tudo meio gay, mas elas mesmas, sob a pressão das feministas – que hoje iniciam sua catequese tarada já na pré-escola –, acabam por reprimir o próprio desconforto. Qualquer aluna de Psicologia de primeiro ano sabe que quanto mais se mente sobre si mesmo, mais ansiedade é gerada no aparelho psíquico.

A própria noção de que haja um "aperfeiçoamento" no modo de ser dos homens implica ansiedade, assim como não saber mexer em aplicativos no caso dos idosos. A diferença é que, nesse caso das novas masculinidades, a ameaça é maior porque atinge o âmago da identidade de uma pessoa. Para analisar os resultados basta ver o samurai gourmet retardado com coque brincando de mãe, cada palavra falada com o pequeno filho na pracinha é uma pérola que sai de sua boca, cada gesto, um *statement* de sua evolução para uma nova masculinidade.

Discussões sobre novas masculinidades também desorganizam as escolas na medida em que escolas são um dos espaços mais arrasados por modas de comportamento. Meninos e meninas, levados a brincar de "mininxs", são, claramente, objeto de ansiedade, quando nem mesmo podem se desenvolver sem um discurso da última modinha sobre eles.

Identidades são objetos de grande ansiedade. Tê--las – o que assumo como normal, entendo fluidez identitária como picaretagem intelectual – implica compromissos, rotinas e vínculos concretos decorrentes da nossa identidade. Homens trabalham e devem sustentar suas famílias (claro que pode haver exceção). Quando um homem é sustentado por uma mulher, em quase 100% dos casos seu caráter degenera. Homens devem ser capazes de enfrentar problemas, mesmo que sofrendo com eles. Mulheres devem, além de trabalhar e ter carreiras, ser capazes de ter filhos e cuidar deles. Elas também enfrentarão conflitos e contradições decorrentes desses papéis. Portanto, ambos estão submetidos ao tipo de ansiedade que lhes cabe. Aqui traço apenas um esboço dessas identidades, mas a vida real não está muito longe disso.

A modinha de se dizer binário, flex, fluido ou similares, foge até mesmo da condição homossexual, pura e simples, que, à semelhança da heterossexual, exige um conjunto de compromissos a ver com seus objetos de desejo. A prova do caráter patogênico do discurso da fluidez identitária é o número de depressão, suicídio e desajuste social que essas pessoas passam. Tudo sobre as bênçãos da paranoia da interseccionalidade.

A verdade é que essa moda de fluidez identitária nada mais é do que uma recusa do amadurecimento. Se amadurecer gera ansiedade por impor às pessoas responsabilidades, principalmente quando se tem por perto "fluidos" que desequilibram o fator econômico da ansiedade em sua distribuição social, a recusa da maturidade implica um tipo específico de ansiedade, aquela similar a de quem quer parecer ter 20 anos quando tem 50. Se relaxar, morre de desespero. Uma das vantagens da maturidade é poder repousar no próprio ser que você carrega em si mesmo.

EDUCAÇÃO: A LOUCA DA CASA

Por educação entendemos tanto as atividades das escolas e seus vários profissionais como a educação familiar, sabendo que as duas, muitas vezes, estão muito ligadas uma à outra.

No geral, como já percebia a filósofa alemã Hannah Arendt nos anos 1950, o século XX foi o primeiro a desqualificar a autoridade dos pais e dos professores. Uma vez tendo-o feito, os jovens passaram a se ver como capazes de emitir opiniões sobre a vida e tomar atitudes completamente desorientadas, aplaudidas pelos mais velhos. O escritor Nelson Rodrigues nos anos 1960, no Brasil, chamava esse fenômeno de "razão da idade", quando pais e mães que queriam ser modernos "obedeciam" ao seu filho maconheiro.

O sociólogo Frank Furedi descreve em 2018 de que forma depois da Primeira Guerra Mundial, após a catástrofe moral que foi a guerra, muitos teóricos da educação na Inglaterra entendiam que não se podia mais crer numa geração que criara tamanho inferno, e, portanto, os pais não podiam mais ser modelos morais para seus filhos. De lá para cá, a educação deixou de ser um processo em que pais e professores passam valores e conteúdos criados antes de as crianças virem ao mundo para ser um processo em que devemos validar os sentimentos das crianças. Isso tanto no âmbito familiar como no escolar. O resultado é que famílias e escolas se cobram mutuamente para ver qual delas é maior gerador de autoestima na criança. Adultos babões que paparicam as crianças em vez de ensiná-las a crescer e enfrentar o mundo.

E onde está a ansiedade nisso tudo? Imagine uma criança que precisa de diagnósticos, remédios e profissionais para lidar o tempo todo com os desafios cotidianos de crescer. A escola é uma selva, sempre foi. Sobrevivemos. Como diz o escritor norte-americano Bret Easton Ellis, nascido em 1964, antes o mundo era dos adultos e não das crianças. Nós nos virávamos e eles não nos enchiam o saco. Hoje os adultos são uns bobos que vivem atrás das crianças perguntando a elas o que querem o tempo todo. Tudo passa a ser uma questão existencial. A criança é chamada a ser um eu que decide antes de ter um eu capaz de saber o que está acontecendo. O resultado é que a vulnerabilidade se torna o paradigma da criança, e, por consequência, o medo forma a educação e não a esperança, como bem afirma Furedi. Onde só há medo e nenhuma esperança, há ansiedade.

Se, por um lado, é melhor sermos mais cuidadosos com nossas crianças e menos cruéis, inclusive eliminando castigos físicos horrorosos, por outro, não se deve educar crianças num modelo de fragilidade *a priori*. Nesse caso, vemos também o vínculo dialético entre um avanço, no caso de comportamento, bem-vindo, e a emergência de causadores de ansiedade. Essas crianças crescem com medo de tudo, demandantes de conforto e reforço, verdadeiros poços de ansiedade que se retroalimenta à medida que o mundo é, por si só, uma máquina de desafios e indiferenças. A necessidade de mentir será crescente, e esses jovens serão infantis por muito tempo. Aquilo que seria um desafio normal da vida se torna um rochedo de pavor.

Afora esses aspectos que tratam da convergência entre famílias e escolas, há alguns que afetam mais marcadamente as escolas. Exemplos se acumulam de como essa pedagogia para a fragilidade veda as chances de as crianças de hoje não serem os adultos ansiosos de amanhã. Proibido corrigir provas com caneta vermelha, proibido marcar erros com o "X" do lado, proibido fazer qualquer tipo de avaliação que gere ansiedade. Pais o tempo todo na escola invadindo o espaço pedagógico. Livros de autoajuda como bibliografia de formação nos cursos de Pedagogia. E tudo a serviço de evitar sofrimento. E aqui a dimensão dialética se revela de forma quase caricata: quanto mais se combate o sofrimento a qualquer preço, mais ansiedade no horizonte. Uma cultura pedagógica que vê a criança como um ser constantemente submetido à precariedade, na mesma medida que a vê como consumidor de todo tipo de bens materiais (as crianças são hoje um enorme mercado de consumo), ilumina, também, de forma evidente, que não se pode entender a era da ansiedade sem sua natureza dialética, em que a riqueza material e os excessos de cuidado instauram uma forma peculiar e contemporânea de precariedade psicológica. A ansiedade nas crianças se revela, assim, decorrência direta da ansiedade dos pais.

ANSIEDADE E POLÍTICA

Talvez uma das maiores fontes de ansiedade social hoje em dia seja a advinda das incertezas políticas. O campo da política tem o adicional de gerar um sentimento generalizado de que algo em nossa vida escapa de nosso controle imediato, o que caracteriza com frequência a inundação pela ansiedade. Esse afeto triste é marcado pela imersão num oceano de sensações de que os eventos do mundo a nossa volta estão fora de nosso controle. A política, e sua violência implícita e explícita, é um ambiente especialmente propício para essa experiência de angústia.

É evidente que no século XX muitas guerras de caráter generalizado, assim como em toda a história humana, podem ter sido momentos de ansiedade muito mais agudo do que hoje em dia. Imaginar o que um judeu ou qualquer outro objeto de perseguição nazista sentia de ansiedade é provavelmente maior do que um jovem e suas pequenas "frescuras psicológicas" em nosso mundinho contemporâneo. Ou mesmo o que sentia um soldado nas trincheiras na Primeira Guerra Mundial diante do absurdo dos mútuos massacres de lado a lado do conflito.

Mas quando falo de ansiedade política hoje, temos duas causas mais diretas para ela.

A primeira é o fim do ciclo de "paz, amor e business" que caracterizou a festa da globalização capitalista ao lado da crença no fim da história pautado pela associação entre democracia liberal e sociedade de mercado. A percepção de que o mundo "voltou ao normal", isto é, de que coisas podem dar errado para além da ordem econômica e política liberal, ou dito de outra forma, que a geopolítica pode ser "irracional", gerando uma sensação de ameaça que a paz das últimas décadas tenha chegado ao fim. Em meio a esse fim da "paz, amor e business", a epidemia do coronavírus foi uma espécie de coroação do fim do sonho global. Ficamos mal-acostumados com a certeza de que o grande debate seria apenas entre banheiros trans ou não. Não. Talvez o modelo chinês esmague a democracia, revelando a irrelevância de temas como liberdade de expressão, múltiplas opiniões, debate público, para a maior parte das pessoas. A democracia pode se revelar no futuro um fetiche ocidental. A virada à extrema-direita, pondo em risco certos "achados históricos" como direitos humanos, tolerância em geral e afins, pode criar em nós uma sensação de que o que era tomado como certo, resultado de uma construção racional já instituída, não passava de uma breve ilusão efêmera. O mundo das últimas décadas difere em muito da "natureza histórica" do mundo dos últimos cem mil anos. A política voltou a se revelar objeto de possível irracionalidade. E a pergunta feita pelos autores da coletânea de artigos conhecida como *O federalista*, do final do século XVIII nos EUA, "se somos capazes de organizar a vida política de modo racional ou se seremos sempre objetos da contingência e do caos", permanece em aberto mais do que nunca. E se essa questão gerava ansiedade no final do século XVIII na recém-democracia americana, hoje gera a mesma ansiedade, fruto do retorno à irracionalidade na vida política.

A segunda é a emergência das redes sociais. Voltaremos a elas como causa geral e estrutural da era da ansiedade. No que tange à política especificamente, as redes sociais vêm causando um transtorno viral na vida institucional, destruindo a privacidade, revelando o gozo das pessoas por mentiras que sirvam às suas simpatias, dos dois lados do espectro ideológico. As redes trazem à tona de forma vulcânica a estupidez humana. A epidemia de ressentimento se multiplica à velocidade de um clique. Na política, ela faz emergir a profunda vocação populista da soberania popular, gerando insegurança quanto à sustentação institucional.

A ansiedade política aqui se manifesta diretamente na sensação de que estamos imersos num mar de mentiras e narrativas infinitas. Se os pós-modernos brincaram todos esses anos, irresponsavelmente, com a ideia de que a verdade não existe, mas, sim, apenas, narrativas, agora vivemos sob a realização material dessa negativa de qualquer parâmetro. As redes sociais gargalham diante do desespero dos que pensam um dia derrotá-las.

Enfim, a violência, característica da política, se torna, assim, uma força viral, sem possibilidade de controle evidente. E a ansiedade se espalha como uma afecção respiratória aguda.

O GOZO DA PARANOIA

A ansiedade pode ser um poderoso vetor de gozo quando encontra um terreno propício à paranoia. O cinema já explorou inúmeras vezes epidemias de vírus assassinos e incontroláveis. Escrevo este livro em meio à epidemia de coronavírus no início de 2020. O protagonismo da China na economia, a globalização dos fluxos de pessoas, informações e capitais, se revelaram, mais do que nunca, um ambiente de alto teor viral: uma excelente cultura de vírus e bactérias levando o mundo ao pânico.

Mas há um fator a mais nesse processo: o gozo da paranoia. Um gozo mórbido. Se acima falávamos da ansiedade associada ao caráter de descontrole da política, as ameaças de distopias por epidemias sempre compuseram o horizonte "científico" do viés apocalíptico que alimenta muito o cotidiano inundado de irrelevância da imensa maioria da humanidade.

O gozo da paranoia é uma manifestação "erótica" da ansiedade. Sabemos do vínculo entre ansiedade e libido – voltaremos a este vínculo posteriormente. Aqui o que nos interessa é como a paranoia pode se transformar num modo gozoso de se afogar na ansiedade, tendo como mote o fato de o mundo, quando em situações de desordem e risco, oferecer a "comprovação científica" de que a tese paranoica é correta. O paranoico, sofrendo da saturação de sentido (como vimos acima, Freud nos ensinou que a paranoia é prima do conhecimento, sendo a diferença entre os dois o fato de o segundo não "querer saber tudo sobre tudo") típico dos estados paranoides, se desespera quando é ele o único a "saber" que o mundo está acabando. Uma vez vendo razões para o medo se instalar nas outras pessoas, a ansiedade paranoica se faz gozo "real".

Interessante perceber que a relação já apontada por Freud entre paranoia e conhecimento desvela um fato que vai ao encontro tanto do fator econômico quanto da dialética da ansiedade. No caso do fator econômico, a diferença entre conhecimento e paranoia se deve ao fato de que o segundo tem "menos" conhecimento do que a paranoia. Esta, saturada da identificação de sentidos entre as coisas, é mais "rica" em relações de significado. A ansiedade é um quadro bem adaptado à riqueza de relações entre os fatos. Quanto à dialética da ansiedade, vemos que há sempre um risco no excesso de conhecimento: todo "excesso de verdade" pode causar ansiedade e paranoia. A ansiedade gerada pelas redes sociais por si só é a prova disso.

ANSIEDADE E REDES SOCIAIS

Sabemos do vínculo entre redes sociais e uma série de eventos que marca o mundo contemporâneo. As redes merecem muita atenção e têm sido objeto de muitos estudos e pesquisas. Já apontamos a relação com os transtornos na política e na democracia, e o vínculo com a paranoia como gozo da ansiedade. As redes e a internet são uma verdadeira cultura de bactérias para o tipo de contaminação de narrativas conspiratórias.

Mas as redes sociais também impactam os relacionamentos, o consumo de bens em geral, o marketing que se torna cada vez mais preciso porque mais invasivo (a "vigilância" da qual se referem tanto Zygmunt Bauman quanto Shoshana Zuboff, a PhD em Psicologia Social de Harvard), enfim, as redes e a internet ocupam os espaços sociais, psicológicos e políticos como uma inundação alterando comportamentos e expectativas em escala universal.

Estruturalmente, as redes sociais são causa de ansiedade pelo simples fato de saturarem a vida cotidiana com as mais diversas narrativas, muitas delas simplesmente conteúdos espalhados por indivíduos esquisitos e antes silenciados pela própria irrelevância, ou por grupos e empresas que vivem de disparos os mais irresponsáveis. Mesmo o uso responsável das redes implica aumento de ansiedade porque a espécie humana evoluiu num ambiente de silêncio e poucas palavras. Lembre sempre que existimos como *sapiens* há no mínimo cem mil anos, e, portanto, as últimas décadas têm se constituído numa experiência absolutamente estranha para nossa evolução. Falamos demais, nos informamos demais, entramos em contato com conteúdos e pessoas demais, criando uma saturação geral de relações a distância, gerando um ambiente de ruído que nunca conhecemos em nossos cem mil anos de existência. Como somos uma espécie pré-histórica perdida num cenário que nunca foi o seu, essa saturação de ruídos e conteúdos em tempo real nos coloca no centro de uma difusão de ansiedade que nunca vivemos antes. A relação entre conhecimento e informação é um fato conhecido em termos de geração de ansiedade, como já apontamos antes. A tendência é que esse processo se acirre e leve a momentos mais dramáticos do que estávamos acostumados.

A ansiedade relacionada a esse processo aparece, por exemplo, no aumento de ostentação, na inveja, em buscas frenéticas por informações médicas, muitas vezes de base hipocondríaca. No caso dos relacionamentos amorosos, a ansiedade se manifesta nas "exigências" dos consumidores de afetos e comportamentos regados à elevação das expectativas que cada consumidor dos sites de relacionamentos apresenta à medida que aumenta seu menu de opções para *match*.

Nesse sentido, a ansiedade tende a ter seu fator econômico ampliado, pois as pessoas se tornam cada vez mais precisas em suas demandas por outras pessoas, levando todas elas a um estado de saturação de informação típico de quadros de ansiedade crescente. A epidemia cresce na velocidade do avanço dos celulares e dos aplicativos em geral. Consumo e ansiedade andam lado a lado. Quanto mais opção, mais ansiedade na escolha.

COACHING COMO TRANSMISSOR DE ANSIEDADE: SUCESSO E PROSPERIDADE

Nada contra terapias breves. Tampouco contra a elegante teoria cognitivo-comportamental (BCP, em sua abreviação em inglês, de *Behavioural and Cognitive Psychotherapy*). Creio firmemente na capacidade de enfrentarmos uma série de problemas formulando crenças cognitivas melhores. A natureza humana aprende, nossa evolução é prova disso.

Nem duvido da possibilidade de colaborar com crises profissionais como queixa pontual a ser encarada na vida de executivos de empresas que vivem sob uma enorme pressão para bater metas.

Todos esses reparos são para fazermos um discernimento entre a geração de ansiedade por parte de coaching que visa sucesso e prosperidade e a prática de terapia breve de base cognitivo-comportamental, que é, evidentemente, uma das formas consistentes de terapia no mercado psicológico. O coaching se diz herdeiro da BCP, por isso devemos fazer essa distinção metodológica.

Acredito que alguns fatores levam o coaching (vou usar essa forma breve) a se constituir num fator ansiogênico. O primeiro é seu vínculo com a ideia de sucesso e prosperidade. Não há nenhuma prova que os dois estejam relacionados diretamente com a saúde mental, afora a obsessão capitalista pelo ganho material. Pessoas podem ter muito sucesso e prosperidade, justamente por serem absolutamente desequilibradas em sua saúde psíquica. Obsessivos, agressivos, monotemáticos, dissociados afetivamente, escravos dos padrões externos de sucesso, reconhecimento e prosperidade, são tipos de personalidade que convivem harmonicamente com toda forma de comportamento antissocial. Logo, quando alguém busca um profissional de coaching com a intenção de sucesso e prosperidade, toda a sua vida psíquica, comportamental e social ficará sob a tutela de uma métrica que serve muito mais ao mundo externo da produtividade e eficácia do que ao mundo interno do significado.

Mesmo que profissionais da área jurem que suas concepções de prosperidade e sucesso nada têm a ver com a métrica materialista, as evidências do material de publicidade, marketing e de conteúdo provam o contrário. As promessas são de sucesso e prosperidade material. E os próprios "clientes" – não seriam pacientes – esperam por soluções rápidas de retorno do investimento.

Outro problema é a vocação aos sistemas de pirâmides. O coachee (o cliente) logo se tornará um coach, e assim sucessivamente. Os cursos de formação duram, às vezes, um pouco mais do que um fim de semana, carregados de emoções baratas de superação de dificuldades.

A banalização das dificuldades reais que o ser humano tem na vida é um outro fator ansiogênico no coaching. Se você é uma pessoa sem sucesso social (comparada a uma irmã muito melhor do que você), tímida e insegura, que se sente feia e pouco atraente, não serão fórmulas e passos de sucesso que levarão você a lugar algum. Ao contrário, o fracasso em atingir as metas propostas pelo processo assertivo do coaching provavelmente levará você a uma piora no estado de incapacidade diante da vida e suas demandas, e, portanto, sua ansiedade devida ao fracasso diante do sucesso alheio só aumentará.

Enfim, o risco específico do coaching para a era da ansiedade é ser uma ferramenta ansiogênica que se diz antiansiogênica, mas que, na verdade, vende um produto falso que provavelmente levará à medicação ou à necessidade de um tratamento mais longo e consistente. Ao final, além de tudo, você terá a sensação de perda de tempo e dinheiro, o que aumentará ainda mais sua ansiedade diante do fato de que você foi vítima da má-fé alheia.

ANSIEDADE E LIBIDO

A relação entre ansiedade e libido é um fator farmacológico. Muitas pessoas sabem que ao tomar ansiolíticos terão sua libido diminuída. Diante de forte ansiedade, melhor ficar um pouco brocha e sofrer menos. A ansiedade tem a qualidade de corroer a vida psíquica por dentro, como uma praga de gafanhotos nas entranhas da alma.

O vínculo psicológico e existencial entre a ansiedade e a libido é mediado pelo desejo. Esse fator é determinante: é impossível desejar e não ter ansiedade. Quem prometer o contrário mente descaradamente. É claro que existem graus no desejo, e, portanto, no vínculo entre ansiedade e libido, mas na sociedade de consumo, baseada na produção infinita do desejo, é impossível não termos um desejo ansiogênico.

A prova de tal fato está, justamente, na urgência com a qual o marketing trabalha com a proposta de imediatez do ato que deverá dar a você a realização do desejo.

Outro fator interessante desse vínculo vem das tradições religiosas e filosóficas mais antigas. Vejamos alguns exemplos.

Nas religiões orientais, como hinduísmo e budismo, é comum a identificação do desejo como uma forma de tortura que domina o homem e o faz sofrer numa cadeia infinita de objetos a seduzi-lo, inclusive pessoas como objeto sexual. A solução é buscar superar o desejo como forma de libertação. Quanto menos desejo, menos agonia, menos reencarnações infames.

Já na famosa filosofia epicurista, o prazer, *hedoné* em grego, era compreendido como a ausência do desejo ou a redução das necessidades básicas de uma sobrevivência sem miséria, mas sem acúmulo. Ao contrário do que muitos pensam, o prazer era ter o suficiente, e não planejar o acúmulo para o futuro. No neoplatonismo, *aphalé panta* significava desapegue-se de tudo que existe e, assim, assemelhe-se a Um divino que "não precisa de nada".

Mesmo no cristianismo, Jesus falava que deveríamos olhar os lírios do campo e ver que Deus os atendia em suas necessidades. Por que, então, Deus não atenderia as nossas? Talvez esta seja uma das passagens mais ingênuas com relação à realidade por parte do Cristo histórico. Já na Idade Média, filósofos importantes como o dominicano alemão Meister Eckhart defenderão, no século XIV, o desprendimento material como início de um processo que nos deveria levar ao desprendimento do próprio eu desejante, se aproximando muito, como afirmam alguns especialistas, do desapego budista. Místicas mulheres do mesmo período medieval também afirmaram a ideia do desapego de tudo que seja "matéria de criatura" a fim de se assemelhar a Deus.

Todas as formas conhecidas e verdadeiras de peregrinação física e espiritual sustentam um empobrecimento material, fisiológico e psicológico. A busca do tal equilíbrio da alma passa pela superação do desejo em si, no corpo e no espírito.

Enfim, todas essas formas de busca de superação do desejo, ou similares, como peregrinação espiritual interna ou externa, se afastam na estrutura contemporânea da sociedade de consumo. São inviáveis e incompreensíveis ao homem atual, narcísico e mimado. A única forma acessível à sociedade de consumo de qualquer forma que se assemelhe minimamente à superação do desejo é a gourmetização dessa superação, que reintroduz a ansiedade por sucesso, dinheiro, bens e mimetize o desapego sem realizá-lo, como ir a um retiro na Índia de *business class*. Não há saída para o vínculo entre libido e ansiedade na era da ansiedade e do consumo.

MERCADO DA ANSIEDADE

Existe um mercado da ansiedade. E, como todo mercado, responde a uma demanda real das pessoas. A ansiedade não é uma miragem ou uma ilusão, é um fato real da vida psíquica, social, econômica e política. É um dado histórico. À medida que ela se "normaliza" como estado de espírito e se constitui em laços sociais – e portanto em afetos sociais –, a ansiedade vai estabelecendo metas de consumo. Como todos sabemos, o mercado, essa ordem espontânea e expandida (como dizia o economista austríaco Friedrich Hayek), se caracteriza por identificar necessidades a partir de seus agentes e propor soluções precificadas. Uma vez identificadas essas necessidades, produtos são oferecidos. A ansiedade é uma dessas necessidades.

A primeira ideia que nos vem à mente, quando falamos de mercado da ansiedade, são os produtos da indústria farmacêutica, os ansiolíticos. Sem entrar no mérito das inúmeras críticas que são feitas à indústria ("é a gente que mais fatura no mundo!"), o fato indiscutível é que não existe pesquisa em ciência que gere longevidade e alguma forma quimicamente sustentada de bem-estar sem o trabalho sério da indústria.

Um fato que vale mencionar é que o uso de ansiolíticos pode, alguns suspeitam que sim, diminuir a capacidade de as pessoas suportarem o que seria um nível "normal" de ansiedade na vida. Causando essa diminuição gradual do grau de suportabilidade da ansiedade, a epidemia surgiria na medida em que, por menos, mais pessoas teriam mais ansiedade. Aquilo que na vida "normal" seria um grau de ansiedade constitutivo passa a ser objeto da psicopatologia.

Esse fenômeno de deslize na percepção de uma ansiedade como constitutiva da vida saudável para uma ansiedade patológica é semelhante ao que acontece com outros casos relativos aos mais jovens hoje em dia, discutidos anteriormente. No passado, um pestinha, hoje, um adolescente que precisa de avaliação neuropsicológica. Esse gradiente entre normalidade e patologia, que alguns preferem entender pós-modernamente como diversidade psíquica ou comportamental, é onde se instalam os procedimentos de comoditização da ansiedade: ela é precificada e organizada como demanda e oferta.

Mas a questão não fica só no nível imediato da indústria. O mercado da ansiedade é também uma "plataforma" de geração de empregos e demanda para profissionais liberais. Quando falamos acerca de avaliações neuropsicológicas de alunos que antes seriam vistos apenas como pestinhas, estamos falando de profissionais como psicopedagogos, psicólogos e psiquiatras que ganham a vida graças a essa ampliação do grau de "diversidade psíquica".

Com isso não quero pôr em dúvida a ética desses profissionais, apesar de que em alguns casos podemos, sim, levantar questões éticas sobre o comportamento excessivo de alguns deles. Trata-se apenas de identificar como a demanda imensa de atendimentos e medicação aumentou muito nos últimos anos. Empresas, parcerias entre psicólogos e psiquiatras, normas escolares que acabam sendo submetidas às demandas de pais e profissionais que atendem esses jovens crescem exponencialmente. Até o mercado jurídico tira seu pedaço desse processo.

O mercado da ansiedade também embrenha-se no universo da espiritualidade. O desespero espiritual, tema bastante sério, já foi tratado pela teologia há séculos e não é ele que nos interessa aqui. A ansiedade como mercado espiritual se caracteriza mais especificamente por fórmulas de alívio espiritual como reiki e similares, ETs evoluídos espiritualmente, a vida das sereias como contemplação do mar, casas em cidades na montanha com feirinhas orgânicas caras, xamanismo da Vila Madalena, enfim, uma série de produtos gourmet com comportamento de placebo.

A marca desse mercado de espiritualidade para a ansiedade é a total inexistência de um discurso que enfrente as causas verdadeiras da ansiedade (medo, insegurança, desespero diante da finitude, sentimento de traição que a vida sempre nos causa, percepção do mal em si mesmo e similares). Aqui reside a diferença essencial. A tradição espiritual clássica é sempre marcada por aquilo que são João da Cruz chamou de "noite escura da alma", o momento de atravessamento do deserto do desespero espiritual e dos próprios demônios. Os produtos espirituais para o mercado da ansiedade não têm demônios, e toda espiritualidade sem "demônios" é falsa. Quais são esses "demônios"? Medo, insegurança, desespero diante da finitude, o sentimento de traição que a vida sempre nos causa, a percepção do mal em si mesmo e similares, como já dissemos.

Enfim, o mercado da ansiedade passa pela indústria, pela ampliação da demanda por profissionais da área, pela presença de um grau menor de suportabilidade das ansiedades normais da vida, por produtos espirituais de baixa qualidade, entre outros fenômenos. Um dos comportamentos mais afins com o mercado da ansiedade é a alimentação. Por isso, falaremos dela de forma um pouco mais específica no próximo capítulo.

ANSIEDADE E COMIDA

Essa área é excepcionalmente ativa e produtiva na era da ansiedade. Se tivéssemos, talvez, que escolher dimensões da vida contemporânea em que a era da ansiedade se mostra de forma mais evidente, os modismos em nutrição seriam um deles com certeza.

A ciência da nutrição é por si só cheia de dificuldades metodológicas. Para começar não há possibilidades de testes efetivos com grupos de controle. Como colocar grupos separados de pessoas e alimentá-las de forma a identificar resultados comparados a grupos de controle em que a mesma dieta tenha estado ausente? Alguns pequenos casos podem ser feitos com consentimento ou em animais que apresentem fisiologia semelhante à humana em casos específicos.

Qualquer argumento na área será sempre fruto de observação de comportamentos aleatórios ou, no máximo, comunidades com hábitos alimentares específicos. Identificar alguma relação de causa e efeito empírica e repetível dentro de algum experimento é quase impossível. Aqui, a cultura alimentar implica muito do que se afirma sobre as coisas. Certos exames de sangue e afins podem indicar vínculos entre padrões alimentares e efeitos fisiológicos ou patológicos.

Afora tais exemplos, entramos no terreno dos modismos alimentares, impulsionados pelo mercado de alimentos. O foco central da ansiedade na comida se concentra na ideia de pureza física e moral, que muitas vezes se cruzam. Evidente que gostos distintos por diferentes tipos de alimentação são comuns e sempre foram; uma pessoa prefere carne vermelha, outra carne de frango, outra carne de peixe, outra salada. Algumas pessoas têm impedimentos alimentares fisiológicos ou alérgicos.

Mas a fixação pela comida como ideia de pureza moral e física é um tipo de ansiedade de base moral e narcísica bem típica de nossa época. Essa ansiedade faz sociabilidade, determina afetos, impõe constrangimentos, destrói casamentos, dispara debates intermináveis nas redes e na vida real.

As pessoas ansiosas por pureza alimentar normalmente não apresentam nenhuma "superioridade moral" (maiores virtudes) que as outras. Ao contrário, normalmente são mais arrogantes, puritanas em suas opiniões, inflexíveis em suas decisões e avaliações sobre o comportamento alheio, o que aparece, por exemplo, em suas escolhas de locais para fazer festas em que a alimentação "santa" é imposta a todos.

O vínculo com a era da ansiedade é evidente na medida em que a excessiva preocupação com a origem do alimento, quase sempre muito mais caros que a maior parte da população pode pagar, se constitui num *statement* de rigidez moral, típica de personalidades ansiosas no âmbito da busca de uma vida repleta de pureza. E a busca da pureza, em sua natureza fanática, é um caso típico de ansiedade agressiva e antissocial.

ANSIEDADE E AUTOSSUFICIÊNCIA

Todos os capítulos deste livro estão relacionados, claro. Mas este em especial se relaciona tanto com parte do que foi discutido no capítulo do envelhecimento e os clichês masculinos e femininos como com o capítulo em que discutimos a ansiedade vinculada à oferta de coaching para prosperidade e sucesso.

Neste capítulo, gostaria de dar uma atenção especial ao tema da autossuficiência, típica do narcisismo contemporâneo e tão associada aos clichês masculinos e femininos – neste caso, mais jovens.

A discussão explícita sobre a suficiência ou insuficiência da natureza humana data do início do cristianismo, entre autores como santo Agostinho, Pelágio e seu seguidor Juliano de Eclano. O debate versava sobre a herança do pecado original e sua relação com a graça divina que "curava" a natureza humana a fim de ela escapar dessa herança maldita do pecado original. O que era natureza humana? Era o que podemos chamar de vida psíquica, somando intelecto, vontade e afeto. A discussão era se só poucos recebem essa graça e assim escapam do pecado ou se todos recebiam essa graça e, portanto, eram capazes de livremente escapar do pecado. Não vamos nos alongar em teologia aqui, mas o importante é entender que para santo Agostinho só pela graça eficaz os poucos escapavam do mal porque a vontade humana (o livre-arbítrio, como ele mesmo inventou o termo) era necessariamente escrava do pecado. Logo, a natureza humana era insuficiente. Já para Pelágio, a natureza humana era suficiente, uma vez que Deus dava a mesma graça a todos para decidirem fazer o bem ou o mal.

Assim que o debate avança para a filosofia já no Renascimento e no século XVII, a discussão se refere à seguinte questão: a natureza humana detém em si todos os recursos necessários para ser autônoma ou depende da graça de Deus ainda? O humanismo dirá que sim, os anti-humanistas dirão que não. Essa é uma formulação resumida da história desse debate.

Quando o feminismo coloca em questão a autossuficiência da mulher em oposição a uma suposta dependência para com o homem, o feminismo, não completamente sem razão, quer apontar para as iguais capacidades masculinas e femininas. Entretanto, a verdade é que o excessivo projeto de autossuficiência feminina é profundamente ansiogênico na medida em que ninguém é autossuficiente. Aliás, muitos homens sofreram e sofrem com essa ansiedade há séculos, e os jovens contemporâneos apresentam um novo sintoma de ansiedade associado à ilusão de autossuficiência quando querem ser mais femininos do que as mulheres, mais feministas do que as feministas, mais maternos que as mães. E, agora, feministas imaturas querem afogar nossas jovens num projeto de autossuficiência que necessariamente deságua no consumo precoce de ansiolíticos. A vida é um enredo cheio de experiências ambivalentes: amor, ódio, sucesso, frustração, fidelidade, traição, riqueza, pobreza e morte. E em todas elas a suficiência e a autonomia são bastante mitigadas.

Afirmar indiscriminadamente a autossuficiência das mulheres, além de ser uma mentira deslavada porque ninguém é autossuficiente, é investir descaradamente num dos sintomas típicos da era da ansiedade: colocar as expectativas muito altas, muito além do possível, tornando as mulheres escravas de uma autoidealização vocacionada ao fracasso. Autossuficiência é sinônimo de ansiedade.

DEATH POSITIVE: UM PROJETO ANSIOSO DE MORRER

A morte e os impostos são as únicas coisas certas na vida, segundo nos diz o velho ditado americano. Os modos de morrer já foram objeto de vários historiadores nos últimos tempos. Não é esta nossa preocupação aqui. Tampouco falar das angústias clássicas da morte ou seu encobrimento pelos modos contemporâneos de higienização da vida e da morte.

Nosso objeto é uma moda de comportamento que é sinal de ansiedade em relação à morte, moda esta movida pela mania do "novo" e do "ativismo" histérico contemporâneo. Exagerando um pouco, diríamos que logo inventarão uma morte vegana.

Death positive é um movimento norte-americano que visa transformar a morte num ato político ou num ato que funde tradições. Implica que você desde jovem pense em seu enterro. O movimento envolve, basicamente, jovens que têm sido educados, como vimos, na crença de que são magnânimos em sua inteligência desde bebês.

O que significa um jovem de 25 anos preparar seu enterro nos mínimos detalhes? Qualquer profissional de psicologia ou psiquiatria com mínima formação sabe que há algo de errado nesse comportamento. Jovens de 25 anos deveriam estar pensando em namorar, trabalhar, ganhar dinheiro e conquistar o mundo. Por trás desse investimento está o indício de uma forte ansiedade com a vida. A prontidão para o enterro (diferente do suicida que se mata) significa uma longa preparação para cerimônias como casamento, batizado de filhos, inauguração de novos negócios, enfim, coisas a ver com a vida e não com a morte.

O movimento *death positive* é indício de como uma cultura da ansiedade começa a se fazer assertiva e produtiva, à semelhança da cultura do narcisismo identificada pelo historiador norte-americano Christopher Lasch em seu clássico *A cultura do narcisismo*, em 1979. A ansiedade logo deixará de ser um mero afeto passivo diante de um mundo cada vez mais fora de controle e ameaçador para se tornar uma atitude que reclama, como tudo mais, seu reconhecimento como algo positivo e não patológico. É claro que esse processo se dá de mãos dadas com o mercado da ansiedade discutido anteriormente. A "identidade ansiosa" reclama seus valores, seus símbolos, seu estilo de vida. No estilo de alimentação já vimos o estrago que a ansiedade pode causar como estrago nutricional.

As ideias são variadas nesse movimento. Enterro ecológico como compostagem humana em que o corpo do ativista será oferecido como adubo. Um adubo político. Ou um enterro que siga uma "tradição" absolutamente inventada pelo futuro morto que terá até o dia de sua morte a possibilidade de divulgar sua "criação" nas redes. A ideia de que alguém possa criar rituais funerários a partir de um ato completamente novo só pode brotar num terreno de alta arrogância típica do universo da cultura da ansiedade.

A pergunta que a cultura da ansiedade logo se fará é: por que eu não tenho direito de ser ansioso?

ANSIEDADE E RESSENTIMENTO

O ressentimento tem se transformado num marcador de comportamento contemporâneo. Eu mesmo escrevi *A era do ressentimento* em 2014, e uma nova edição em 2019. Não vou me aprofundar no conceito em si, mas apenas descrever o suficiente para entendê-lo como fonte de ansiedade.

Ressentimento foi pela primeira vez descrito na história da filosofia por Nietzsche no final do século XIX. O ambiente onde ele surge é uma discussão cosmológica e não propriamente política ou social, apesar de que Nietzsche passa facilmente da cosmologia à moral. O ressentimento brota em nosso coração quando percebemos que o universo é indiferente a nós, e ao nosso sofrimento, e que, com a morte de Deus, não haveria nenhuma instância que atribuísse significado ao sofrimento.

Da revolta contra o cosmo cego e cruel, passamos ao modo como os homens se organizam a partir de uma maioria ressentida com este fato que cria valores morais para servir ao medo, inclusive medo daqueles que não se desesperam com a falta de sentido último das coisas.

O ressentimento como laço social se constituirá como uma inveja raivosa em relação às diferenças inevitáveis que a vida nos traz. A característica específica do ressentimento que o diferencia da simples inveja, por exemplo, é o sentimento associado de que o mundo deve algo a esse ressentido: começando por dever sentido para o sofrimento (como já falamos), passando pelas dívidas que a sociedade tem para com ele, até chegar nas relações mais próximas em que pessoas especificamente são identificadas como devedoras da autoestima danificada na vida do ressentido.

Como diz o psiquiatra britânico Theodore Dalrymple, o ressentimento é um afeto triste que pode durar a vida toda e se desdobrar em várias outras formas de afetos tristes, como raiva, rancor, busca desenfreada por autoafirmação, incapacidade de empatia e amor, enfim, uma cascata de afetos tristes.

Posto isso, a relação de causa e efeito entre ressentimento e ansiedade se torna mais clara: o ressentido, a quem é impossível controlar as causas que o levam à vida pequena e irrelevante (termos do próprio Nietzsche) que vive, se fará um poço de ansiedade porque está intimamente associada à sensação de incapacidade de controlar o mundo a sua volta e aos sentimentos que assolam sua alma. Antes de tudo, ele não pode controlar a indiferença do universo para consigo, nem a diferença entre as pessoas. O ressentido é um filho de Caim e Iago, que não suporta alguém melhor do que ele.

A ansiedade fruto do ressentimento tem esse traço que nem todas as formas de ansiedade portam: uma inveja incontrolável de quem prova a ele que o mundo é, basicamente, incontrolável na atribuição contingente dos talentos e da sorte. A velha e conhecida Fortuna, termo que significa sorte, azar, contingência, é que regeria o mundo, segundo muitos filósofos, entre eles o florentino Maquiavel. Segundo ele, a Fortuna é sempre representada como uma mulher porque ela só admira a coragem e a ousadia, duas qualidades inexistentes no ressentido. Quanto mais ele as contempla de fora, mais ansioso fica.

CONTINGÊNCIA, MÃE DE TODAS AS ANSIEDADES

Aproveitando que acabamos de falar de Nietzsche e o ressentimento cosmológico devido à indiferença do universo, e Maquiavel e seu conceito de Fortuna, olhemos um pouco para o coração do argumento dos dois filósofos no sentido ontológico, como se diz em filosofia.

Quando um filósofo fala a palavra "ontologia" ou "ontológico" é sempre um clímax da conversa, porque ele está falando de algo essencial. Dizer que o universo é ontologicamente indiferente a nós, como afirma Nietzsche, significa dizer que o universo em si é, estruturalmente, indiferente. É da "natureza" dele ser indiferente a tudo, porque o universo não é um ser subjetivo que tem relações pessoais – nem com nada nem com ninguém (em filosofia dizemos que ele não tem intenção de nada). Daí nosso sentimento de abandono na relação com o universo. Deus, por sua vez, é um conceito nada indiferente a nós, porque Ele é ontologicamente uma subjetividade (além de ser infinito), e em Cristo teria assumido um corpo histórico. Além disso, Ele se relaciona conosco.

E a contingência disso? A contingência é a mãe de todas as ansiedades. Contingência, como já sabemos, é o nome técnico para acaso, sorte, azar, fortuna. Dizer que a "contingência cega reina sobre as coisas do mundo", como diz o poeta Eurípides em Atenas, no século V a.C., significa dizer que o universo é ontologicamente cego e sem sentido algum. Tudo ocorre pelo acaso, além de leis naturais indiferentes a nossa busca de sentido.

É, justamente, essa busca de sentido que se estilhaça contra a contingência cega. Como já dissemos antes, a dissociação, como descrevia Camus no século XX, entre o ator e sua busca de sentido (nós) e o cenário e sua indiferença (o universo) era chamada absurdo.

E por que ela seria a mãe de todas as ansiedades? Porque ela é a suprema negadora de qualquer controle das coisas acessíveis a nós. Nosso controle é local e diminuto diante da imensa cegueira de um universo de pedra que vaga em silêncio indo a lugar nenhum. A ansiedade cresce num terreno em que se busca controle, e este é negado.

O homem contemporâneo é um animal do controle. Toda a história moderna e contemporânea é uma saga em busca de um controle maior das coisas (com razoável sucesso na ínfima dimensão humana). Porém, essa dimensão humana, diante do infinito e cego universo, é um nada, como dizia o matemático e também filósofo francês Pascal no século XVII: não há jamais paralelo possível entre o infinito e algo com limites, como tudo que é humano. Logo, toda vez que nosso ímpeto de ação se despedaça contra a imensa cegueira do universo infinito, a ansiedade brota em nosso coração, como um veneno que reconhece nos olhos furados da contingência nossa incapacidade de ter controle sobre as coisas do mundo.

O MEDO DO FUTURO

A contingência pode se apresentar em sua natureza de negar a nós o controle sobre as coisas de uma forma menos ontológica e mais histórica. Toda vez que o futuro parece sair de nosso controle, vemos os olhos cegos da contingência banhar o tempo histórico.

Uma das ansiedades mais presentes em nosso cotidiano hoje é a percepção de que a transformação do mundo se dá, cada vez mais, numa velocidade vertiginosa. O futuro é cada vez mais desconhecido. Essa velocidade abissal carrega em si tanto a marca do descontrole como a marca da dialética da ansiedade da qual falamos acima. As transformações vertiginosas são fruto direto da ação humana. Quanto mais controle (técnico, científico e de gestão), mais progresso; quanto mais progresso, mais descontrole das variáveis em jogo no futuro. Vemos aqui um exemplo crasso da ambivalência moderna da qual nos falou Bauman no final do século XX.

Cada vez que alguém vai ao mundo corporativo falar de inovação, eu vejo os olhos desesperados daqueles que serão substituídos pela inovação. Mas como o mundo corporativo é, muitas vezes, a distopia perfeita, todos fingem ver a virada da inteligência artificial no trabalho como algo "lindo". A verdade é que a incerteza do futuro criado pela revolução cognitiva, como é chique dizer, é uma fonte crescente de ansiedade no mundo do trabalho, num corte transgeracional.

Desde que a revolução industrial e o modo capitalista de produção se tornaram a realidade hegemônica na vida, transformações sociais e psicológicas ocorreram de modo massivo. Pessoas e profissões desapareceram. Não é minha preocupação argumentar que nunca houve uma transformação dessa magnitude, porque tudo até então foi de ordem mecânica e não cognitiva. A era da ansiedade se alimenta dessa vertigem independentemente do que a história diga em termos de normalização dos transtornos causados pelos avanços técnicos.

Meu foco aqui é apenas reconhecer que um dos nichos maiores de ansiedade hoje é o descontrole sobre o curso da vida do trabalho nas próximas décadas. Seja porque os mais velhos serão substituídos por jovens de 15 anos nas empresas, seja porque esses jovens de 15 que entrarem já entrarão com uma idade, do ponto de vista da velocidade das tão decantadas inovações, equivalente à de alguém com 40 anos.

O prazo de validade se torna cada vez mais curto. Este é o foco da ansiedade associada ao mundo do trabalho. Seja o descontrole relativo à forma do trabalho, ao conteúdo dele, ao perfil de quem o realiza, ou à durabilidade e funcionalidade de todas essas variáveis juntas.

ANSIEDADE E FALTA DE SIGNIFICADO

O sociólogo Frank Furedi tem discutido bastante o esvaziamento de sentido na vida contemporânea no que se refere às possibilidades de atribuir significado ao medo e às sensações de ameaça que sempre se apresentaram à humanidade ao longo de sua história.

Num recuo marxista de análise histórica, podemos entender que a experiência de sentido sempre esteve ligada às condições materiais de vida: o sentido brota das relações concretas com a vida e a sociedade e não de ideias abstratas. Com as transformações radicais desde a revolução burguesa e industrial, como já foi dito, experimentamos rupturas no modo de organização do cotidiano no trabalho, na vida familiar, política, religiosa ou espiritual, afetiva, enfim, em todas as esferas da vida.

Talvez tenha sido Bauman quem melhor descreveu essa experiência de esvaziamento do sentido por meio de seu conceito de "modernidade líquida": a vida escorre pelos dedos. A velocidade das transformações impede que tenhamos qualquer vivência de continuidade de significado para as coisas. O significado é líquido, como tudo mais. Se o sentido vivenciado concretamente é efêmero, sem sustentação em relações contínuas ao longo do tempo, o caminho está pavimentado para o mal-estar.

O filósofo sul-coreano Byung-Chul Han descreveu, recentemente, nosso mundo como uma sociedade do cansaço em que o problema não seria mais a negatividade da vida, isto é, as "coisas ruins" em si, mas o excesso de positividade, de sucessos e riqueza. Estamos cansados de "dar certo".

A falta de significado, a destruição das narrativas que faziam da vida uma experiência heroica de enfrentamento de riscos, em favor de uma vida vivida como um livro-caixa de custo-benefício, marcada pelo imperativo das metas que cansam a todos (no trabalho, no amor, no sexo, nos projetos sempre novos e excitantes), nos lançam a uma experiência de ansiedade muda.

Esse tipo de ansiedade se caracteriza por não encontrar sentido a não ser na busca de métodos, fórmulas supostamente científicas e ansiolíticos que se constituem nos restos do paraíso.

A ansiedade como afeto da guerra, da morte, do amor mortal, do risco, da memória heroica se calou. Sobrou-nos a ansiedade da vida medíocre e calculada na ponta do lápis e na planilha do Excel.

UMA PEQUENA CONCLUSÃO: A ELEGÂNCIA CONTRA A ANSIEDADE

Há como escapar da era da ansiedade? Não. Mas talvez seja possível alguma elegância mínima ao atravessá-la. Vejamos. Arriscaria dizer que sobreviver à ansiedade é muito uma questão de virtudes. E virtudes são práticas. Quanto mais se pratica, melhor se fica na virtude praticada. A elegância contra a ansiedade é uma delas. Mas qual forma de elegância é essa?

Os antigos estoicos e epicuristas, gregos e romanos, achavam que a chave da autonomia (logo, elegância) na vida era não desejar demais (passamos pelos epicuristas anteriormente). Viver segundo a métrica do *logos* (a natureza), para os estoicos, e segundo um desejo o mais próximo possível das necessidades reais, para os epicuristas.

Você me dirá com razão que numa sociedade que oferece cada vez mais objetos para nosso desejo é impossível chegar a algo semelhante. Em grande medida sim, porém suspeito que algumas pessoas são mais enlouquecidas pelo que o mundo oferece do que outras. Assim, haveria uma variável um tanto contingente, dependendo da história familiar, genética, psicológica, social. Talvez a consciência dessa variante contingencial deixe você mais ansioso. Se for o caso, você provavelmente é uma daquelas pessoas que quer controlar tudo e, desse modo, a ansiedade é sua casa. Não há salvação, você não conseguirá manter a mínima elegância. Quem deseja muito sucesso e prosperidade na vida é um deselegante.

Aceitar uma razoável dose de descontrole sobre a vida é essencial para manter alguma elegância na era da ansiedade. Aceitar que você vai perder em algum momento também. Quem quer ganhar todas será sempre um deselegante. Um protagonista (como está na moda falar em palestras motivacionais) da ansiedade.

É necessário aceitar uma certa dose de risco, como diz Nassim Taleb, ensaísta libanês-americano, em seu conceito de antifragilidade. Ser educado pela contingência (ser propriamente antifrágil) é aprender a viver sem ter certeza de tudo, sem controlar tudo. Lembremos que a contingência é a mãe de todas as ansiedades. Não se trata de ser robusto porque a robustez racha. A fragilidade cede. A antifragilidade é sobreviver graças à humildade, reverência e resiliência diante dos fracassos, da imensidão do universo, do mundo e da sociedade. Todos perdemos no final. A elegância é não derreter diante desse fato.

**Acreditamos
nos livros**

Este livro foi composto em Adobe Garamond Pro,
Bliss Pro e Swistblnk Monthoers para a Editora
Planeta do Brasil em junho de 2022.